Thomas Stipsits
Das Glück hat einen Vogel

Thomas Stipsits

Das Glück hat einen Vogel

ueberreuter

Für Emil

6. Auflage 2021
© Carl Ueberreuter Verlag, Wien 2017
ISBN 978-3-8000-7677-2

Alle Rechte vorbehalten. Das Werk darf – auch teilweise –
nur mit Genehmigung des Verlages wiedergegeben werden.

Covergestaltung: Saskia Beck, s-stern.com
Coverfoto: © Ingo Pertramer
Illustrationen: © Saskia Beck
Lektorat: Marina Hofinger
Satz: Hannes Strobl, Satz·Grafik·Design, Neunkirchen
Druck und Bindung: Finidr s. r. o.

www.ueberreuter.at

INHALT

Vorwort 7
Andreas 9
Beate 16
Christian 23
Doris 30
Emil 34
Franziska 39
Georg 43
Hannah 47
Jakob 57
Katharina 62
Lukas 66
Michael 70
Nelly 78
Oliver 85
Peter 88
Queenie 96
Ramona 102
Sascha 109
Tanja 115
Ulrike 122
Valentin 131
Walter 136
Xaver 142
Yolanda 148
Zita 155
Ich 159

VORWORT

Sie. Ja genau, Sie! Nun halten Sie also mein erstes Buch in Ihren Händen, was mich sehr freut. Vielleicht lag es unter Ihrem Christbaum oder Sie blättern gerade in der Buchhandlung Ihres Vertrauens darin oder sie lesen gerade online dieses Vorwort.

Während ich das schreibe, sitze ich auf Karpathos und blicke aufs Meer. Es ist 16 Uhr 19, leichter Wind und es riecht nach Thymian. Das Vorwort ist das Letzte, das ich von diesem Buch geschrieben habe, das Vorletzte war das Nachwort.

Vielleicht fragen Sie sich jetzt, warum gerade ich auch noch ein Buch geschrieben habe oder warum Sie dieses Buch lesen sollten. Nun, ich habe mir die erste Frage auch selber oftmals gestellt. Kann ich das überhaupt? Ich bin kein Buchautor, ich schreibe Kabarettprogramme und Drehbücher, aber eben keine Romane. Ich hatte große Angst, damit zu beginnen, immer wieder habe ich es aufgeschoben, um dann schließlich einfach anzufangen und mich dem Schreibrausch hinzugeben. Es war herrlich! Mein Verlag und ich haben uns auf Kurzgeschichten geeinigt, die sich alle um das große und kleine Glück drehen. Es sind 26 an der Zahl und alle haben zumindest in großen Teilen einen wahren Kern. Sie sollen zeigen, wie verrückt das Glück doch manchmal sein kann und wie spannend, banal, traurig, schön und fantastisch das Leben sein kann. Diese Liste lässt sich endlos ergänzen.

Dieses Buch ist kein Ratgeber und auch keine Anleitung, wie man glücklich wird. Dieses Buch handelt von Ihnen, von mir, von Ihren Freunden, von der Frisörin ums Eck, vom Postler, von der Nachbarin, die man nur vom Grüßen kennt, vom kleinen Buben mit dem gelben Fahrrad … einfach von uns Menschen.

Ich bin dankbar, dass Sie mir eine Chance geben, Sie in meine kleine Welt zu entführen.

Falls mir jemand die Frage stellt: Wie würden Sie sich selbst beschreiben?

Ich würde entgegnen: Die Antwort steht auf diesen 160 Seiten. Mehr kann ich über mich nicht sagen.

Ich öffne eine Dose Alfa Bier, blicke auf die Bucht von Arkasa und wünsche Ihnen jetzt viel Spaß bei der folgenden Reise.

Wir werden uns später wiedersehen.

ANDREAS

Ungefähr zur selben Zeit zählte Andreas die Münzen in seinem Pappbecher. Heute hatte er noch nicht sehr viel eingenommen, obwohl sein Standort ein sehr stark frequentierter war. Gerade einmal 7 Euro und 73 Cent nannte er sein Eigen und das, obwohl er bereits seit 8 Uhr in der Nähe des Hohen Marktes bettelte. Vor ihm lagen ausreichend Exemplare der Obdachlosenzeitung Augustin. Seine Kleidung sah ungepflegt aus, ebenso seine Haare. Er trug sein altes ausgewaschenes T-Shirt mit der Aufschrift: „Franz-Jonas-Hauptschule Trofaiach".

Früher war er Sportler gewesen, ein sehr guter noch dazu. Im Jahre 1990 gewann er in der Schülerliga die österreichischen Bundesmeisterschaften im Fußball. Andreas wurde zum besten Torhüter des Turniers gewählt und war der Stolz seiner mittlerweile verstorbenen Eltern. Andreas hätte sicher eine Karriere als Torhüter gemacht, aber oftmals ist die schwierigste Prüfung des Lebens, sich selbst zu besiegen. Er hatte ein Auswärtsspiel gegen seinen Charakter und war chancenlos. Seit er vom Leben abgelehnt wurde, beneidete er die Tiere. Tiere wissen nicht, was an Bösem droht, und vor allem ist es Tieren vollkommen gleichgültig, was hinter ihrem Rücken geredet wird.

Er schaffte es bis in die zweite Bundesliga und war gerade vor dem Sprung in eine mustergültige Torhüterkarriere. Doch das Schicksal schlug aus wie ein panisches

Pferd. Die große Sehnsucht nach dem guten Leben, Reichtum und endlosem Vergnügen gepaart mit Phlegma hatte in Andreas Lebensgeschichte tiefe Wunden hinterlassen.

Akribisch genau zählte er nochmals seine Münzen. Es wurden nicht mehr. Schwerfällig erhob er sich von seinem Platz. Die Menschen rund um ihn nahmen keine Notiz von seiner verpfuschten Existenz. Andreas war unsichtbar.

Eine Frau in einem beigen Kleidchen und dazu passender Strickweste ging an Andreas vorbei. Ihr Parfüm roch nach Reichtum und sorgenfreiem Dasein. Während die Frau hastig an ihm vorbeistöckelte, funkte es in Andreas Gemütsofen. Kurz darauf loderte eine Flamme der Hoffnung in seinem Zentrum. Sein Herz arbeitete auf Hochbetrieb. Zitternd vor Nervosität stoppte er die junge Dame mit den Worten: „Zita? Bist du das?"

Die junge Frau tat so, als würde sie den zerlumpten Mann nicht hören, und versuchte der unangenehmen Begegnung aus dem Weg zu gehen. Andreas blieb hartnäckig.

„Kennst du mich nicht mehr? Liebminger Andreas." Dieser Name weckte Erinnerungen bei der Frau, und sie drehte sich zu dem Obdachlosen. Nach ausführlichem Mustern des Mannes erkannte sie ihn.

„Ja, servus Andreas. So ein Zufall, dass wir uns hier treffen!"

„Naja, Zufall würde ich nicht sagen, ich bin immer wieder hier." Zita setzte ein gespieltes Lächeln auf.

„Lustig, ich bin auch manchmal hier, da hinten lass ich mir immer meine Nägel machen."

Sie zeigte Andreas ihre makellos rot lackierten Fingernägel.

„Wow, schaut super aus", sagte er. Zita wurde die Situation zunehmend unangenehmer. Sie dachte, es sei wohl die beste Entscheidung, einen lockeren Smalltalk zu beginnen.

„Ja, ein Wahnsinn, der Liebminger Andreas. Wann haben wir uns das letzte Mal gesehen?" Andreas überlegte kurz.

„Das muss kurz nach der Matura gewesen sein, beim ersten Klassentreffen. Ich habe damals beim DSV Leoben gespielt. Dann haben wir uns irgendwie aus den Augen verloren." Eine leichte Rumfahne drang direttissima in Zitas Nasenschleimhaut.

„Ja stimmt, du bist ja aus der Hauptschule in der 5. Klasse zu uns gekommen. Gut schaust aus."

„Danke, ich bin immer viel unterwegs …"

„Ich kämpfe ja immer so mit meinem Gewicht. Ich weiß nicht, wie viele Diäten ich schon ausprobiert habe." Andreas schaute verwirrt ob ihrer Aussage.

„Bei mir geht das oft von alleine", entgegnete er.

„Aha. Ich verstehe." Danach herrschte wieder unbehagliche Stille. Erneut war es Zita, die in die Offensive ging.

„Und wie geht es Miriam?", fragte sie.

„Ich glaube gut, wir haben uns ja vor sechs Jahren scheiden lassen."

„Oh, das tut mir aber leid." Ihr Mitgefühl wirkte wie einstudiert.

„Und bei dir?", fragte Andreas.

„Du, ganz gut. Weißt eh der Martin, mein Mann, ist beruflich viel in London, wir haben auch eine Wohnung dort, jetzt bin ich halt viel dort. Ist eine schöne Stadt, nur das Essen! Schrecklich, die haben ja keine Esskultur in England ... und wo wohnst du?

„Nirgends. Also ich bin da und dort. Wie sich's ergibt. In Wien hast aber schon noch was, oder?" Andreas beneidete sein Visavis. Wie kann man nur alles richtig machen im Leben?

„Ja, wir haben noch immer das Haus in Hietzing, das geben wir natürlich nicht auf. War ja auch ein Geschenk von Martins Eltern.", erzählte Zita mit der nötigen Portion Selbstgefälligkeit.

„Ich würde dich ja gerne einmal zu uns einladen …" Andreas hakte sofort ein: „Ja, das wäre fein!!!"

„… aber ist momentan so blöd wegen den Kindern", wurde seine Freude gestoppt.

Zita monologisierte über ihre beiden Kinder, und wie schwer es Kinder heutzutage haben würden. Sie überlege ernsthaft den Kindergarten zu wechseln, weil das Essen im aktuellen nur zu 80 Prozent aus biologischen Produkten bestehe und das wäre in der heutigen Zeit einfach eine untragbare Situation. Außerdem würden die Süßspeisen mit klassischem Zucker zubereitet, anstatt mit Stevia. Andreas fühlte sich wie ein Kriegsheimkehrer, der seine Niederlage als Sieg verkaufte. Er blieb aber freundlich.

„Also geht es dir gut?"

„Total!", frohlockte Zita

„Und arbeitsmäßig?", jetzt kam der Moment, auf den Andreas wartete. Die Antwort überraschte ihn dann aber doch.

„Du nix!", schoss es wie selbstverständlich aus Zitas Mund. „Der Martin braucht meine Unterstützung, wo es nur geht. Das hätte Miriam auch machen sollen."

Andreas versuchte, seine Exfrau zu verteidigen und die Schuld auf sich zu nehmen.

„Weißt du, die Miriam war damals in einer Phase, in der sie nicht wusste …" Zita unterbrach seine Bemühungen, sich zu erklären.

„Ich finde es aber toll von dir, dass du nicht aufgibst und weiterkämpfst."

„Bleibt mir ja nichts anderes über", meinte Andreas resigniert.

Kühle Stille war von Neuem auf den Hohen Markt gekommen und die untergehende Sonne tauchte alles in schummrige Farben. Diesmal war es Andreas, der die Konversation ankurbelte und eine Geschichte aus der längst verklärten Vergangenheit hervorholte.

„Den Professor Meixner habe ich vor Kurzem gesehen. Kannst du dich noch erinnern an den Skikurs, und wie wir geschmust haben?" Dieses Puzzleteil wollte sich Zita nicht erneut ins Gedächtnis holen.

„Sei mir nicht böse Andreas, ich muss leider weiter. Wir fahren heut nach Bad Ischl und ich brauche noch ein neues Dirndl."

„Alles klar. Hat mich echt gefreut dich wiederzusehen", sagte Andreas wahrheitsgemäß.

„Ja, mich auch", log Zita.

Andreas wollte die Begegnung nicht ohne finanziellen Vorteil enden lassen, also ergriff er seine Chance.

„Magst du mir vielleicht noch einen Augustin abkaufen?" Er hielt Zita eine der Zeitungen unter die Nase. Prompt antwortete sie:

„Den haben wir schon. Außerdem liegt der bei uns daheim nur herum ... liest ja keiner."

Andreas glaubte ihr die Geschichte.

„Ok. Dann viel Spaß in Bad Ischl. Vielleicht sehen wir uns wieder einmal?"

„Gerne, melde dich einfach bei mir", sagte Zita rasch. Andreas zog Zettel und Kuli aus seiner speckigen Cordhose und begann zu schreiben.

„Ich schreibe dir eine Adresse auf von einem Heim, wo ich meistens bin, komm doch einfach vorbei und wir tratschen ein bissl. Das Essen ist dort auch ganz gut. Es wäre fein, wenn du den Martin und die Kinder auch mitnimmst, dort sind wirklich sehr kinderliebe Menschen."

Als Andreas von dem Zettel aufblickte, war Zita schon verschwunden. Er warf das Stück Papier in einen Müllkorb und schlenderte traurig zu seinem Platz zurück.

Andreas werde Zita nie mehr wieder im Leben begegnen, da war er sich sicher.

Er sollte sich täuschen.

BEATE

Ungefähr zur selben Zeit schreckte Beate aus ihrem Bett hoch und wusste, noch bevor sie auf das Handy am Nachtisch sah, dass sie verschlafen hatte. Die Frage war nur, wie viele Minuten oder Stunden es waren. Das Display zeigte kaltschnäuzig 9 Uhr 27, was in ihrem konkreten Fall eine Stunde und 27 Minuten bedeutete. Beate verfluchte die Schlummerfunktion auf ihrem Smartphone. Der kleine Hebel auf der linken oberen Seite des Handys war nach unten gedrückt und bewirkte Lautlosigkeit. Das musste versehentlich passiert sein. Sie sprang aus dem Bett und entschied, ohne zu duschen das Haus zu verlassen. – „Egal, ich hab' Chloé."

Eingehüllt in eine Wolke Eau de Parfum sprintete sie zu ihrem Auto. Ihr Smartphone zeigte 15 Anrufe in Abwesenheit, alle von derselben Nummer. Sie wusste wer es war: der Justizminister. Beate arbeitete nun seit vier Jahren für den mondänen Herren und es war ihr bisher kein einziger Fehler unterlaufen. Dementsprechend überrascht war der Herr Minister, da er soetwas von Beate nicht kannte. Hastig wählte sie seine Nummer. Er ging sofort dran.

„Ja, Beate, Schatz, was ist denn los? Wir warten alle auf dich!", sagte der Herr Minister in einem schon etwas besorgten Ton. Das war ein Vorteil des Verschlafens: Wenn du 20 Minuten zu spät bist, sind alle sauer auf dich, wenn du aber fast zwei Stunden zu spät kommst sind alle froh, dass dir nichts passiert ist.

„Es tut mir so wahnsinnig leid, Herr Minister. Bitte um Verzeihung …" Er unterbrach sie.

„Ist alles in Ordnung? Wir machen uns Sorgen."

„Ja ja, alles in Ordnung, ich habe verschlafen." Beate hörte ein schallendes Lachen am anderen Ende der Leitung. „Sie hat verschlafen", rief der Minister offenbar in eine Runde von umstehenden Menschen. Diese erwiderten das Lachen.

„Ich beeile mich", versprach sie.

„Also, du Schlafmütze, lass dir Zeit, wir haben Tagesordnungspunkt 3 vorgezogen und werden jetzt einmal einen Imbiss zu uns nehmen. Sobald du da bist, können wir dann Punkt 1 und 2 machen, ok?"

„Danke, Herr Minister, es wird nie wieder vorkommen", beteuerte Beate.

„Ist ja nichts passiert, hol' dir unterwegs einen Kaffee und fahr vorsichtig!"

Dann beendete er das Gespräch.

„Ich habe wirklich den besten Chef der Welt", dachte sie, während ihr kleiner Peugeot 208 in eine von Bäumen gesäumte Straße einbog. Die heutige Tagung fand im Jugendstiltheater am Steinhof statt. Beate war noch nie dort gewesen, wusste aber, dass das Theater gerne für Tagungen genutzt wurde. Sie kramte in ihren Unterlagen und zog die schon vorgestern für den Minister geschriebene Rede heraus. Heute würde er über neue Überwachungstechniken reden. Beate hatte sich ein schwedisches Konzept als Vorbild genommen.

Sie dachte, dass es ein kurioser Zufall wäre, dass neue Überwachungstechniken ausgerechnet am Steinhof besprochen wurden. Immerhin handelt es sich, um im Volksmund zu bleiben, um ein Irrenhaus.

Von Weitem konnte sie schon das Schild „Baumgartner Höhe" lesen. Das Areal war riesig und Beate entschied, ihren Peugeot außerhalb zu parken. Auf dem Gelände sah sie ein prächtiges Gebäude, und war der Meinung, das müsse das Theater sein. Als sie dort ankam, stand sie vor einer prunkvollen Türe. Niemand war am Gelände unterwegs. Beate dachte wieder an den Kaffee, den sie von Ministers Gnaden noch trinken durfte. Drinnen gab es sicher eine Kantine. Sie ging durch die Türe, die schwer und mit einem lauten Knall ins Schloss fiel. Der Lärm hallte durch den Innenhof und weckte augenscheinlich Aufmerksamkeit. Ein weißgekleideter Mann trat aus einer Türe und ging auf Beate zu. Er sah freundlich aus und fragte Beate höflich: "Grüß Gott, kann ich Ihnen irgendwie behilflich sein? Suchen Sie jemanden?"

„Ja, bitte. Wissen Sie, ich bin die Pressesprecherin des Justizministers und muss zu einer Tagung", antwortete Beate. Der Mann in Weiß sah Beate lange an, für ihren Geschmack etwas zu lange. Dann setzte er ein Lächeln auf, klopfte Beate väterlich auf die Schulter und sprach in einem Ton, so als würde man mit einer Katze oder einem Hund reden: „Jaaaaa. Geeeeenauuuu, die Pressesprecherin des Justizministers. Bitte, kommen'S nur mit, Gnä' Frau, der Justizminister wartet schon."

Beate war sein Tonfall um eine Nuance zu süß, aber sie dachte: „Vielleicht reden hier alle so."

Der Weiße führte Beate ins Innere des Gebäudes. Große Gemälde hingen an den Wänden, eines davon zeigte Sigmund Freud.

„Gib es hier irgendwo einen Kaffee?", fragte Beate.

„Aber natürlich, Frau Pressesprecherin, jetzt gehen wir dort ins Büro und machen es uns so richtig gemütlich." Der Weiße fiel in ein „Wir", das klang nicht gut.

„Ich dachte, wir sind im Theater", bohrte Beate nach.

„Jaja, hier haben wir immer ein Theater." Vor einem Büro hielt der Weiße an und klopfte an die Türe. Von drinnen war ein zackiges „Herein" zu hören. Links neben der Türe war auf einem Schild „Prim. Dr. Psych. Ferdinand Lackner" zu lesen. Beate und der Weiße traten in ein eindrucksvolles Büro, über dem Schreibtisch hing ebenfalls ein Gemälde, darunter saß der auf dem Bild Porträtierte.

„Wen haben wir denn da?", fragte Dr. Lackner auf die gleiche Art wie der Weiße.

„Ok, die reden hier alle so", dachte Beate.

„Hier haben wir die Pressesprecherin des Justizministers", präsentierte der Weiße seine Begleitung.

„Oh, wie schön, so ein hoher Besuch!"

Beate dämmerte langsam, dass man ihrer Geschichte keinen Glauben schenkte.

„Hören Sie, ich muss zu einer Tagung ins Theater, wir diskutieren über neue Überwachungstechniken und ich bin ohnehin schon zu spät. Würden Sie mir bitte sagen, wohin ich muss?"

„Aber liebend gerne, wie lange sind Sie denn schon Pressesprecherin?", fragte Lackner.

„Seit vier Jahren."

„Und da sehen wir uns erst jetzt? Aber keine Sorge, hier sind Sie in guten Händen, ab jetzt geht's aufwärts."

Beates Vorahnung wurde bestätigt.

„Es handelt sich hier offenbar um ein Missverständnis, ich bin wirklich die ..., also ich bin nicht ... Sie wissen schon, was ich meine."

„Ja, natürlich weiß ich, was Sie meinen", säuselte Lackner „Als Pressesprecherin haben Sie doch sicher einen offiziellen Ausweis des Ministeriums."

„Ja, den habe ich", antwortete Beate und begann in ihrer Tasche zu suchen, dann zu wühlen und schlussendlich alles auszuleeren. Mit verständnisvollem Lächeln betrachteten die Ärzte Beates verzweifelte Aktivität.

„Und? Hamma nix gefunden?", fragte Lackner.

„Ich habe heute verschlafen und muss den Ausweis zu Hause vergessen haben." Beate reichte Lackner die vorbereitete Rede. „Schauen Sie, da ist ein Stempel vom Ministerium drauf, diese Rede wird der Minister heute halten." Sie wurde zunehmend lauter und hektischer. Lackner und der Weiße betrachteten das Papier, warfen sich diskret Blicke zu und nickten.

„Das sieht ja total echt aus, das haben Sie gut gemacht."

„Es reicht, ich will jetzt sofort hier raus", brüllte Beate die Ärzte an.

„Jetzt beruhigen wir uns einmal. Mischa, hol ein Spritzerl", sagte Lackner zum Weißen. „Danach werden wir ein bissi Heia machen und anschließend in Ruhe alles besprechen."

„Rühren Sie mich nicht an", schrie Beate. „Schauen Sie in ihren Unterlagen nach, da muss doch stehen, dass wir heute im Theater sind."

Lackner blätterte kurz eine Mappe durch und schüttelte den Kopf.

„Tut mir leid, laut Plan ist das Theater heute leer."

Mischa, der Weiße, kam mit der Spritze und überreichte sie dem Doktor.

„Je mehr Sie sich wehren, desto schlimmer wird's", versuchte Lackner Beate zu beruhigen. Sie schrie, fing an zu treten und zog Lackner an den Haaren.

„Halt sie!", befahl er Mischa. Ihr Handy läutete, es war der Minister. Sie hob ab und schaltete auf Lautsprecher.

„Wo bist du? Jetzt müssen wir wirklich anfangen, wir haben das Theater nur bis 13.00 Uhr", sagte der Minister. Beate schilderte ihre Situation so gut wie möglich. Im Raum war es nun ruhig.

„Gib mir den Chefarzt", sagte der Minister in sehr strengem Ton. Beate gab das Handy weiter, Lackner drehte den Lautsprecher wieder ab. Mit jeder Minute wurde sein Gesicht verzweifelter.

„Aber es war nichts in der Liste eingetragen … ich wusste nicht, dass es geheim ist", beteuerte er. „Verstehe Herr Minister … Wiederhören." Lackner wandte sich an Beate: „Meine Dame, ich möchte mich für unser unprofessionelles Verhalten entschuldigen. Wir sind auch nur Menschen und keine Götter. Ich bitte Sie, von einer Meldung bei der Krankenhausdirektion Abstand zu nehmen."

„Unter einer Bedingung", sagte Beate.

„Und die wäre?"

Fünf Minuten später saß Beate in der Kantine des Theaters, hatte endlich einen Kaffee in der Hand und war glücklich. Gleich würde der Justizminister auf die Bühne kommen und eine flammende Rede halten.

CHRISTIAN

Ungefähr zur selben Zeit verfluchte Christian das Navigationsgerät in seinem ramponierten Chevrolet Kalos. Im Augenblick bereute er, dass er nie Kartenupdates machte. Er hatte bis jetzt auch noch nie eines gebraucht.

Etwa zehn Minuten fuhr er schon auf einer Straße, die es laut Navi nicht gab. Weit und breit war kaum etwas außer Gegend, Strommasten und ein kleines Haus zu sehen. Es flimmerte von Weitem in der Hitze. Christian wurde allmählich nervös, denn der Soundcheck war schon in einer halben Stunde. Es war das erste Mal, dass seine Band „Stadtlicht" am Nova Rock Festival auftrat. Da er vormittags noch gearbeitet hatte, fuhr er nicht mit den Bandkollegen im Bus, sondern trat die Reise ins Burgenland alleine an.

Er wusste nicht einmal, wo er war. Ein Blick auf sein Smartphone bescherte ihm die nächste Ernüchterung: kein Netz. Er hielt am Straßenrand, stieg aus und zog eine Karelia aus seiner Bauchtasche, die er sich von seinem Griechenlandurlaub mitgebracht hatte. Die Grillen zirpten ununterbrochen. Es roch nach frisch gemähtem Gras. Niemand war zu sehen. Christian kam sich vor wie in einem Sergio-Leone-Western. Gleich würde Charles Bronson um die Ecke biegen und fragen: „Hast du ein Pferd für mich?" Er betrachtete erneut die menschenleere Gegend. Das Haus! Er hatte gar nicht mehr an das Haus gedacht.

„Vielleicht kann mir ja da jemand weiterhelfen." Christian stieg in seinen Chevy und tuckerte zum Haus. Dort angekommen parkte er sein Auto unter einer großen Birke, die den Eindruck erweckte, als würde sie auf ihn spähen. Er hängte sich seine Bauchtasche über den Arm und ging zum Eingangstor. Das Haus war aus Holz gebaut und schon sehr alt. Die Schindeln waren mit Moos bedeckt und die Besitzer besaßen offensichtlich keinen Rasenmäher. Der Vorgarten erinnerte an einen Dschungel. Wilde duftende Kräuter wuchsen an der Fassade entlang. Die ganze Umgebung hatte etwas Verwunschenes, Fabelartiges.

„Super, zuerst ein Western, jetzt Alice im Wunderland", dachte er.

Als er die Holzveranda betrat, sah er, dass irgendjemand hinter dem Vorhang vorbeihuschte.

„Gott sei Dank, es ist jemand zu Hause."

Christian kam gar nicht dazu, mit dem schweren Eisenring zu klopfen, denn die verwitterte Eingangstüre wurde bereits knarrend geöffnet. Vor ihm stand eine junge Frau in einem weißen Sommerkleid und mit langen Haaren. Auf dem Kopf trug sie einen Kranz aus geflochtenen Wildblumen. Sie waren violett und ein prachtvoller Kontrast zu ihren dunklen Haaren.

„Ja bitte, Sie wünschen?", fragte die Frau mit zarter, warmherziger Stimme.

„Verzeihung, ich habe mich verfahren und wollte fragen, ob Sie mir vielleicht weiterhelfen können?"

„Natürlich, junger Mann, aber bitte kommen Sie doch herein."

Christian hatte es eilig, aber er wollte nicht unhöflich sein und folgte der Aufforderung.

Im Haus war es dunkel, nur vereinzelt fanden die Sonnenstrahlen einen Weg durch die halb geschlossenen Fensterläden. Die alten schweren Kästen und Kommoden waren staubig und es roch nach Moder. Die junge Frau führte Christian in die Küche, in der eine weißgestrichene klobige Kredenz stand.

„Bitte nehmen Sie Platz."

„Danke, ich habe es eilig", antwortete er rasch. Als er die Enttäuschung in den Augen der jungen Frau sah, erfüllte er ihr auch diesen Wunsch. Er setzte sich an den alten Tisch aus Kirschholz. Die Bauchtasche legte er neben sich auf einen Sessel.

„Na gut, für ein paar Minuten. "

„Fein. Wollen Sie vielleicht einen Kaffee?"

„Ja, warum nicht, aber einen schnellen." Christian musste sich eingestehen, dass er die junge Frau sehr attraktiv und anziehend fand. Erst jetzt bemerkte er, dass unter dem weißen Kleid ein kleiner, spitzer Bauch hervorsah. Die Frau war offensichtlich schwanger. „Ok, vergiss es", dachte er.

„Wie heißen Sie?"

„Christian, und Sie?"

„Martha."

Sie öffnete eine Türe der Kredenz und holte eine Dose Brandt-Kaffee heraus. Das Emblem wirkte sehr retro. Martha gab einige Löffel Kaffee in eine Espressokanne und stellte sie auf den Herd.

„Wie kann ich Ihnen helfen, Christian?"

„Ich muss zum Nova Rock Gelände und habe mich verfahren."

„Was ist denn Nova Rock?", fragte Martha.

„Ein Musikfestival, ich bin Musiker."

„Oh, so wie John?"

Christian stutzte.

„Ich liebe die Beatles. Schade, dass sie nicht nach Österreich kommen."

Christian tat so, als hätte er sich verhört, offenbar war Martha etwas verwirrt.

„Das Festival ist in der Nähe des Sportplatzes in Nickelsdorf. Kennen Sie den?", fragte er, als ihm Martha die Tasse hinstellte. Hastig trank er einen Schluck, er musste sich beeilen und außerdem wurde ihm die Begegnung langsam unheimlich.

„Ja, den kenne ich. Sie sind auf der richtigen Straße, einfach geradeaus weiter bis Nickelsdorf, das können Sie gar nicht verfehlen"

„Vielen Dank!"

„Herr Christian, wollen Sie vielleicht eine Kleinigkeit essen? Ich habe frischen Toast Hawaii gemacht."

„Nein, danke, ich muss wirklich los, vielen Dank für die Auskunft." Christian erhob sich schnell vom Tisch und verließ schleunigst das Haus. Er würde erst acht Minuten später bemerken, dass er seine Bauchtasche auf Marthas Sessel liegengelassen hatte.

483 Sekunden nach Christians Aufbruch hörte man ein lautes „Scheiße" durch den Fahrerraum des Chevys klingen. Er wendete russisch, wie man sagt, und war vier Minuten danach wieder bei Marthas Haus. Es wirkte verlassen. Christian klopfte lautstark an die Tür und rief immer wieder: „Frau Martha, ich bin es, Christian, der John Lennon für Arme. Ich habe meine Tasche bei Ihnen vergessen." Nichts rührte sich. Christian drehte sich um und sah plötzlich in das Gesicht einer alten Dame.

„Um Gottes Willen, haben Sie mich erschreckt!", schrie er.

„Was machen Sie hier?", fragte die alte Dame streng.

„Ich will zu Martha."

„Das ist leider unmöglich."

„Äh, wie? Ich habe vor fünf Minuten mit ihr gesprochen."

„Das kann nicht sein", sagte die Frau in ernstem Ton.

„Doch. Wir haben Kaffee getrunken. Ich habe meine Bauchtasche im Haus vergessen", entgegnete Christian wahrheitsgemäß.

„Nochmal junger Mann: Das kann nicht sein!"

„Wieso nicht?"

„Meine Schwester Martha ist seit über 50 Jahren tot. Sie starb bei der Geburt ihres Kindes. In diesem Haus."

Christian musste schlucken. War durch die starke Hitze seine Wahrnehmung eingeschränkt oder hatte es mit seiner Nervosität zu tun? Er konnte sich beim besten Willen keinen Reim auf das eben Erlebte machen. Nach einigem gutem Zureden war die alte Frau bereit, mit ihm ins Haus zu gehen. Drinnen nahm sie ein Foto von der Wand. Es zeigte eine junge Frau mit weißem Kleid und Blumenkranz im Haar.

„Das war sie. Dieses Bild wurde zwei Wochen vor ihrem Tod aufgenommen", sagte die alte Dame. Christian spürte sein Herz wie ein Uhrwerk schlagen. Die Frau stoppte plötzlich.

„In die Küche gehe ich aber nicht, da ist es passiert."

Als Christian in die Küche kam, lag seine Tasche noch genauso da, wie er sie hingelegt hatte. Der letzte Schluck Kaffee in der Tasse war noch lauwarm. Er nahm die Bauchtasche an sich und versteckte sie unter seinem T-Shirt.

„Es tut mir leid, ich habe mich getäuscht", sagte er zur alten Dame, dann rannte er aus dem Haus. Die alte Dame und das Foto blieben alleine zurück.

Christian kam mit 20-minütiger Verspätung zum Soundcheck. Es war aber kein Problem, da die Band vor ihnen ohnehin überzogen hatte. Er überlegte, ob er seinen Bandkollegen von der merkwürdigen Begegnung erzählen sollte, entschied aber, sie für sich zu behalten. Sie würden ihm ohnehin nicht glauben.

An diesem Abend spielte Christian das Konzert seines Lebens. Als er mit seinen Bandkollegen von der Bühne ging, war er glücklich.

Am nächsten Tag nahm er dieselbe Strecke für die Rückfahrt. Als er an der Stelle vorbeifuhr, begann sein Herz wild zu pochen. Hinter einer alten Birke sah er ein Holzhaus. Es schien unbewohnt zu sein.

DORIS

Ungefähr zur selben Zeit wurde am Stinatzer Friedhof ein Sarg nach unten gelassen. In dem Sarg lag Doris' Vater. Er war die letzten zwei Jahre schon sehr krank gewesen und der Tod stellte eine Erlösung für ihn dar. Aber auch wenn man jeden Tag mit dem Ableben rechnet – wenn es dann wirklich passiert, trifft es einen doch wie ein Blitz. Der Vater war immer ein lebensfroher Mensch gewesen und mit Leib und Seele Gastwirt. In Stinatz wird seit jeher ein außerordentlich feierlicher Totenkult betrieben und die Verabschiedung dauerte mehrere Tage, was den Abschied für Doris etwas leichter machte.

Sie würde nun die alleinige Chefin in der Gaststätte Zsifkovits sein. Doris war im Gastgewerbe aufgewachsen und wusste, wie eine gute Wirtin sein sollte. Sie genoss im Ort ein ähnlich großes Ansehen wie ihr Vater. Dementsprechend voll war der Friedhof, man könnte von „ausverkauft" sprechen.

Stinatz stellt nicht nur in Sachen Totenkult eine Ausnahme dar, sondern auch in vielen anderen Bereichen. Dieser Ort hat eine Magie, die, wenn sie einen in ihren Bann zieht, nie mehr loslässt. In Stinatz leben mehrheitlich Burgenlandkroaten und über 60 Prozent der Bevölkerung bekennen sich zur kroatischen Sprache. Der in Stinatz gesprochene Dialekt hat mittlerweile 500 Jahre auf dem Buckel, ist sozusagen ein Freilichtmuseum in Sprachform und – ein Kuriosum – verlässt die Ortschaft nicht.

In den Nachbarorten sprechen die Menschen mit ganz anderer Färbung. Doris hatte einmal mit einem Sprachwissenschafter gesprochen, der ihr erklärte, dass das Phänomen, dass ein Dialekt 500 Jahre im eigenen Ort bleibe, ansonsten nur bei manchen afrikanischen Stämmen vorkomme. Der Vergleich sei natürlich positiv gemeint.

Doris stöberte in ihrem Kopf nach Erinnerungen an ihren Vater und wurde fündig. Als Doris 14 Jahre alt war, hatte ihr Vater die Idee, die Gästezimmer im Gasthof zu erneuern. Vor allem die Badezimmer hatten dringend ein Update nötig. Doris verbrachte den ganzen Sommer auf der Baustelle, half viel und fühlte sich fundamental erwachsen. Die Arbeiter hatten immer Traubisoda dabei. Der Geschmack von damals stieg ihr in den Mund. Später hatte sie das Getränk noch einige Male getrunken, aber es schmeckte nicht mehr wie in diesem Baustellensommer. Eines Tages entdeckte Doris in einem Badezimmer zwei Ratten und informierte ihren Vater darüber. Der kam, verschaffte sich einen Überblick und reagierte sofort.

„Do san sicha no mehr", sagte er. Ihr Vater ging nach unten in die Gaststube, wo das ockerfarbene Telefon stand. Doris folgte ihm.

„I ruaf den Zezi an, der soll sie ausräuchern." Am anderen Ende der Leitung wurde abgehoben.

„Servas Zezi, do is der Albert. Hör zu, du musst kommen, i hab im Badezimmer so Viecha, so …" Das Wort Ratte wollte ihm einfach nicht einfallen, also erfand er die schönste Umschreibung, die es für diese Nager geben kann.

„Wast eh, so Viecha, so … große Bruder von der Maus."
Im Lokal gab es großes Gelächter und Zezi musste sich umgehend unter ein Sauerstoffzelt legen.

Doris' Schmunzeln entwickelte sich zu einem schmalen Lächeln. „Mein Gott, was haben wir damals gelacht." Ihr Vater trug noch viele Jahre lang den Spitznamen „der große Bruder von der Maus".

Die Trauergemeinde entfernte sich langsam vom Sarg. Es würde anschließend einen kleinen Leichenschmaus in Doris' Gasthaus geben. Sie starrte noch immer auf den Sarg. Von hinten näherte sich Doris Mann und nahm sie zärtlich in die Arme.

„Lass uns gehen, Schatz", sagte er zu ihr.

„Gib mir noch einen Moment alleine mit ihm." Ihr Mann nickte und deutete dem Totengräber weiter hinten zu warten. Doris versank wieder in ihren Gedanken. Mit einem Mal kam ihr eine Geschichte über ihren Vater in den Sinn, die sie am meisten amüsierte.

In den 60er-Jahren wurde in Stinatz sehr viel gefärbelt. Ein Kartenspiel, bei dem man unendlich viel Geld verlieren kann. Damals war es üblich, dass sehr viele Männer aus der Steiermark nach Stinatz kamen, um mit den Einheimischen zu karteln. Die Färbel-Abende fanden immer im Wirtshaus von Doris' Vater statt. Dazu wurde eigens das Hinterzimmer schmuckvoll hergerichtet. Oft dauerten solche Partien bis zu drei Tagen. Doris' Vater stand meistens mit großer Begeisterung im Hinterzimmer, mit einer Mischung in der Hand, und sang die ganze Nacht kroatische Volkslieder. Das gefiel den

Steirern derartig gut, dass sie ihn animierten, noch ein Lied und noch ein Lied zu singen. Doris' Vater kam dieser Bitte mit großem Vergnügen nach. Was die Steirer allerdings nicht wussten, war, dass er ihre Karten sehr gut sehen konnte.

Es versteht sich von selbst, dass er keine kroatischen Weisen sang, sondern eher Chansons mit dem Inhalt: „Der hat a Herz-As, der hat a Pik-Sieben …" Für diese Leistungen verrechnete er seinen Stinatzer Kartenkomplizen stolze 25 Prozent der Einnahmen.

Doris musste nun laut lachen, aus den Trauer- wurden Freudentränen. Ihr kleiner Sohn trat an das Grab und fragte, warum sie lache, denn das dürfe man nicht an einem Grab.

„Du hast recht", sagte sie.

„Liegt der Opa da drinnen?" Ihr Sohn deutete mit der Hand auf den Sarg.

„Nein, Schatz, der ist schon in den Himmel gefahren." Doris blickte nach oben, winkte in den Himmel und sagte: „Pfiat di, Papa!" Mit einer Handbewegung gab sie dem Totengräber zu verstehen, dass er nun mit seiner Arbeit beginnen könne.

„Komm, gehen wir", sagte Doris zu ihrem Sohn. Die beiden verließen den Friedhof in Richtung Gasthaus. Von hinten konnte man hören, wie die frische Erde auf einer massiven Eichenplatte landete.

EMIL

Ungefähr zur selben Zeit saß Emil in einem weiß ausgemalten Raum und wartete auf den Chef. Eine Mitarbeiterin hatte ihn dort hingebracht und er wusste, dass heute sein letzter Tag war. Davor war die Zeit wie im Flug vergangen, es hatte reichlich zu essen und viel Musik gegeben.

Emil sah auf die Uhr, sie zeigte 5 vor 12. Durch die Tür mit der Aufschrift 1972014 war reges Treiben zu vernehmen. Offensichtlich waren schon alle da und warteten nur darauf, ihn endlich in den Händen zu halten. Emil war vom Stellvertreter des Chefs instruiert worden, wohin es gehen würde. Mit Österreich war er mehr als zufrieden. Er ließ sich vom Stellvertreter Fotos seiner neuen Bediensteten zeigen, die einen durchaus sympathischen Eindruck machten. Der Mann war etwa 1,85 Meter groß, wog 92 Kilo und am Hinterkopf wurde das Haar schon etwas dünner. Die Frau war blond, mit schönem, makellosem Gesicht und war deutlich kleiner als der Mann. Er sah Fotos von ihnen, wie sie in Gran Canaria vor einem Kamel posierten, in Sarnthein vor einem Weihnachtsbaum lustige Grimassen schnitten und in Bad Waltersdorf im Bademantel eng umschlungen vor einem Spiegel standen.

Von draußen waren Schreie zu hören. Sie wurden lauter und angestrengter. Eine ihm nicht bekannte Frau sagte immer wieder: „Gleich. Gleich." Dann flog die Türe einen Spalt weit auf. Emil konnte die blonde Frau, den

Mann mit dem schütteren Hinterkopf, eine Frau in einem blauen Kittel und einen älteren Mann mit weißem Kittel und Brille erblicken. Wo war denn nur der Chef? In letzter Zeit war er oft unpünktlich. Emil würde auf das Abschlussgespräch warten, denn er war mehrmals gewarnt worden, nicht ohne Rücksprache mit dem Chef durch diese Türe zu gehen. Es gab immer wieder Ungeduldige, die es nicht aushalten konnten, den richtigen Zeitpunkt für den Neubeginn abzuwarten.

Die Schreie der blonden Frau wurden schwächer, schließlich verstummten sie. Die Türe fiel zurück ins Schloss, danach wurde es wieder still im Raum. Der Minutenzeiger sprang träge auf den vorletzten Strich am Zifferblatt. Zwei vor 12. Emil wetzte nervös auf dem Stuhl hin und her. Endlich kam der Chef. Er trug weißes Gewand, einen weißen Vollbart und in der rechten Hand hielt er eine kleine weiße Schatulle.

„Emil, bitte verzeih mir, dass du warten musstest, aber heute haben wir so viele Abgänger bei uns. Ich überlege zu expandieren."

„Kein Problem", sagte Emil.

Der Chef setzte sich neben Emil auf einen Stuhl und überreichte ihm die weiße Schatulle.

„Bitte erst öffnen, wenn du draußen bist"

„Warum?"

„Wer zu schnell handelt, wird bald überholt. Und du willst doch nicht, dass dein Charakter nichts weiter wird als eine langwierige Gewohnheit, oder?

„Nein. Du hast recht", antwortete Emil dem Weißbärtigen. Er nahm die Schatulle an sich und hielt sie mit beiden Händen ganz fest.

Draußen wurden die Schreie wieder heftiger.

„Hörst du sie?"

Emil nickte.

„Bitte steh jetzt auf." Emil folgte der Anweisung. Der Chef legte seine Hand auf Emils Stirn.

„Für dich, mein lieber Emil, beginnt nun ein neuer Abschnitt und vor allem eine neue Aufgabe. Hüte dich davor, diese auf die leichte Schulter zu nehmen. Du wirst kämpfen müssen, aber dieser Kampf soll der Inhalt deiner Bestimmung sein. Pass auf, ständig wird dir ein Hund folgen. ‚Ego.' Du darfst ihn ruhig füttern, doch lass' ihn nicht in dein Haus.

Der, der du bist, wird dauernd dem begegnen, der du sein möchtest. Deshalb weide dich nicht an den eigenen Vorzügen oder an der Schlechtigkeit der anderen. Finde deinen Weg alleine, lass dir helfen, aber entscheide selbst. Klar, es ist gut, wenn du andere kennst, aber strebe danach, dich selbst zu kennen, zu lieben und mit dir zu leben. Das, lieber Emil, das ist Erleuchtung. Gib deinen Feinden keine Mitfahrgelegenheit, bestell ihnen ein Taxi.

Probiere viel aus, denn dadurch wirst du erfahren, wer du bist. Sieh dein Dasein als Weg, nicht als Sackgasse, und vergiss nicht: Das was du aus Liebe tun wirst, machst du immer freiwillig."

Dann küsste der Chef Emil auf die Stirn.

„Deine neuen Freunde werden dich erziehen, sie werden dir beibringen wollen, wie man lebt – lass es zu, aber glaube ihnen nicht alles. Sie lernen selber noch. Und vor allem schenke folgenden Sätzen keine Aufmerksamkeit:

Ein Indianer kennt keinen Schmerz.

Wir haben damals nichts gehabt.

Wenn du nicht aufisst, scheint morgen nicht die Sonne.

Die Schulzeit ist die beste Zeit im Leben.

Wenn die Lisa von der Brücke springt, springst du nach.

Die Tür öffnete sich nun ganz. Ein heller Lichtschein durchflutete den Raum.

„Bist du bereit?", fragte der Chef.

Emil nickte.

„Dann geh."

Emils Füße gingen von selber, fast so als würden sie nach draußen gezogen werden. Der Lichtschein umhüllte ihn und er war kaum mehr zu sehen. Da rief der Chef ihm nach:

„Und Emil: Ich liebe dich. Keine Angst, wir werden uns wiedersehen."

Emil blieb kurz stehen, drehte sich zum Chef und hatte eine letzte Frage:

„Was finde ich denn in der Schatulle?"

„Das Einzige, was du selbst ins Leben mitbringen musst. Deine Seele."

Dann schritt Emil durch die Tür und kam zur Welt.

Mittlerweile ist Emil drei Jahre alt.

FRANZISKA

Ungefähr zur selben Zeit wartete Franziska am Flughafen auf ihren Flieger nach Paris. Sie saß in einem Schnellimbiss und aß ein vertrocknetes Croissant, um sich auf die Stadt der Liebe einzustellen. Viel Zeit für Sightseeing würde sie aber ohnehin nicht haben, denn ihr Kalender war mit Geschäftsterminen zugepflastert.

Seit die Firma, in der sie seit 22 Jahren angestellt war, vor einem Dreivierteljahr an eine Gesellschaft in Paris verkauft worden war, hatten sich Myriaden von Kleinigkeiten verändert. Der Umgangston war schärfer geworden, Fehler wurden härter bestraft und der Draht zur Chefetage war kein familiärer mehr. Die Franzosen waren erbarmungslose Macher in einem erbarmungslosen Geschäft, das keine Schwächlinge duldete. Internationale Immobilien zu verkaufen hieß in der heutigen Zeit Durchschlagskraft, Nach- und Erfolgsdruck.

Die Kunden waren betuchte Herrschaften, die sich einen Dreck um irgendetwas oder -jemanden scherten. Der Boss in einer Gruppe war immer der mit dem meisten Geld. Schlimmer noch als die männlichen Kunden waren die Frauen, noch dazu, wenn diese von einer weiblichen Immobilienmaklerin beraten wurden. Der unabwendbare Geruch von Konkurrenz lag bei den meisten Terminen in der Luft. Franziska hatte viele reiche Frauen gesehen, die fast alle eines gemeinsam hatten: Humorlosigkeit.

Wenn du alles besitzt, was besitzt du dann noch? Diese teilweise dilettantisch operierten Fratzen mit ihren 5000-Euro-Taschen und Männern, die sie mit Geschenken zumüllten, damit sie nur ja nicht auf die Idee kämen, eigenständig zu denken, schienen im Herzen so trocken zu sein wie das Croissant auf ihrem Teller. Ihr wurde bewusst, dass auch sie in diesem Hamsterrad ihre Runden drehte.

„Es gibt Tausende, die Ihren Job wollen. Sie sind nur so gut wie Ihre letzten Verkäufe. Dieses Objekt kann jeder verkaufen!" So klang Motivation im digitalen Zeitalter.

„Wann habe ich zum letzten Mal herzhaft gelacht?", dachte Franziska, als sie sich am Gate in der Reihe für die Businessclass anstellte. Es wollte ihr nicht einfallen, was ein deprimierendes Zeichen war. Früher, als sie noch studierte, liebte sie Practical Jokes. Franziska und ihre StudienkollegenInnen manövrierten sich oft geradezu in einen Rausch von kleinen Gemeinheiten und Schelmenstreichen.

„Ok", dachte sie, „ich bin zwar 54 und eine Erscheinung, die man hinlänglich als seriös bezeichnen würde, aber heute möchte ich einen Vollrausch haben, heute will ich lachen."

Sie wusste auch schon genau, was sie machen würde, und freute sich auf die erstaunten Blicke in der Businessclass von all den „meisterhaften" Typen in ihren Designeranzügen, die, auch wenn die Wampe aus dem Hemd zu fliehen versuchte, dasaßen und würdevoll in der „Financial Times" lasen.

Als Franziska das Flugzeug bestieg, wandte sie sich sofort an eine der Flugbegleiterinnen. Sie spielte, sehr überzeugend, dass sie Kopfschmerzen habe.

„Bitte bringen Sie mir sofort eine Kopfwehtablette und ein Glas Wasser, wäre das möglich?", fragte Franziska mit schmerzerfülltem Gesicht die Dame in der roten Uniform.

„Natürlich, sobald alle Passagiere sitzen, bringe ich Ihnen sofort die Medizin."

Zufrieden ging Franziska auf ihren Platz. Wie erwartet war die Businessclass voll von willenlosen Geschöpfen, die alle Armani und Gucci trugen, aber kein Gesicht. Es roch nach lachsfarbenem Zeitungspapier.

„Wunderbar", dachte sie.

Penibel wartete Franziska auf den entscheidenden Moment, als alle Passagiere ihre Plätze eingenommen hatten. Sie sah, dass die Flugbegleiterin nach hinten verschwand, wohl um ihre Kopfwehtablette und das Wasser zu holen.

Jetzt!

Franziska stand von ihrem Sitz auf und sprach sehr laut, und für alle in der Businessclass zu hören, direkt in das kleine Lüftungsrohr über ihrem Sitz.

„Ich möchte sofort eine Kopfwehtablette und ein Glas Wasser, pronto!"

Die Geschöpfe sahen Franziska entgeistert an. Exakt eine Minute später kam eine junge Flugbegleiterin zu Franziskas Platz und überreichte ihr eine Tablette und ein Glas Wasser. Die Armani-Infanteristen trauten kaum ihren Augen. Franziska bedankte sich bei der jungen Dame und setzte sich wieder auf ihren Platz. Sie wusste, dass nun alle auf sie schauten, und sie badete genussvoll in den verdatterten Blicken. Innerlich lachte sie sich ihren ganzen Frust von der Seele und Fortuna saß direkt neben ihr.

Einer der Gucci-Guerillas stand auf und versuchte ebenfalls sein Glück bei einem Lüftungsrohr. Nichts passierte.

„Wie haben Sie das gemacht?", fragte er Franziska.

„Mir gehört das Flugzeug, ich habe mir das extra anfertigen lassen und so bin ich auch permanent mit dem Cockpit verbunden." Franziska zerriss es fast vor Vergnügen. Der Mann zeigte sich mehr als beeindruckt und setzte sich wieder auf seinen Platz.

„Ladies und Gentlemen, wir beginnen nun mit dem Start", dröhnte es aus den Lautsprechern. Während die Geschäftsleute noch immer staunend über das eben Gesehene diskutierten, genoss Franziska ihren Vollrausch.

GEORG

Ungefähr zur selben Zeit bog Georg von der Dittesgasse in die Gravanogasse ein. Er war nun schon seit dreizehn Jahren als Fahrer bei der Müllabfuhr und wusste genau, dass diese Einbahn das größte Problem auf seiner Route darstellte. Sie war lang, und es gab keine Möglichkeit, Fahrzeuge passieren zu lassen, da der Müllwagen für diesen Abschnitt einfach zu breit war. Intern nannte man diese Gasse auch das „Neujahrskonzert", weil es fast immer vorkam, dass Lenker die Geduld verloren und zu hupen begannen

Georg kannte mittlerweile alle Töne. Schrill, laut, beißend, mickrig, niedlich, angriffslustig und so weiter. Nicht selten lieferte er sich Wortgefechte mit gehetzten Menschen, die er meist mit den Worten: „Wenn's weniger Schas kauft's, gibt's a weniger Mist", oder „Dann fahr' halt Öffi!", beendete.

Zunächst verlief das Entleeren der Mülltonnen ohne besondere Vorkommnisse, lediglich ein Foodora-Radfahrer schlängelte sich an dem mächtigen orangen Müllschlucker vorbei. Georg und seine Mitarbeiter, die für das Be- und Entladen der Mülltonnen zuständig waren, kannten sich schon lange, und waren auf alle Eventualitäten vorbereitet. In Wien einen Müllwagen zu lenken, heißt in den Krieg zu ziehen. Georg ritt den Gaul und die Mitarbeiter gaben ihm Deckung. Er war sozusagen ein Wallenstein im dreckigen Feld der Kehrichterei.

Als Bediensteter der MA 48 lernte man nur allzu schnell, dass aus einem sehr schönen Anzug auch sehr unschöne Worte kommen konnten. Man kann eben einen Baum nicht nach der Güte seiner Blätter einschätzen, sondern nur nach der Güte seiner Früchte.

Ein gut funktionierendes Mundwerk gehörte zur Grundausstattung eines jeden Mistküblers sowie die Beherrschung des unentbehrlichen 48er-Mantras: ignorieren, ignorieren, ignorieren. Infolge langer Erfahrungen hatte man bei der Müllabfuhr aufgehört, viel von den Menschen zu erwarten. Georg und seine Mitarbeiter waren in dieser Hinsicht echte Dickhäuter geworden. Bei manchen Menschen kann man durchschießen wie durch Marmelade, bei Georg nicht.

Sie hatten schon fast die ganze Gravanogasse vom Dreck des Wohlstands gesäubert, als sich von hinten ein feindliches Objekt näherte. Ein Porsche Cayenne, also jenes Geländeauto, das in einer Stadt so sinnvoll ist wie ein Parkhaus mitten in Venedig. Der Porsche näherte sich langsam der Koloniatruppe, und das Subjekt hinter der Windschutzscheibe hatte sein Gesicht bereits bestens darauf getrimmt genervt zu wirken. Durch einen Blick in den Seitenspiegel konnte Georg erkennen, dass der Cayenne-Draufgänger damit begonnen hatte, mit seinen Fingern auf das Lenkrad zu trommeln. Dabei schnaufte er kopfschüttelnd aggressiv und blies seinen schlechten Atem in die unschuldige Gegend. „Jetzt wird es nicht mehr lange dauern", dachte Georg. Er sollte recht behalten. Nach einem kurzen Blick auf die Uhr riss dem Porsche-Pionier der Geduldsfaden. Das Neujahrskonzert hatte begonnen. Gleich darauf entwickelte sich eine wahre Sinfonie.

Karl Marx hat einmal gesagt: „Alle Revolutionen haben bisher nur eines bewiesen, nämlich, dass sich vieles ändern lässt, bloß nicht die Menschen." Dieses Zitat hatte der Lenker des Porsches wohl nie gehört, denn der Cayenne-Mozart ging zum zweiten Satz über. Wobei sein Andante entgegen die Regel schneller und lauter war als das Allegro. Georgs Mitarbeiter ließen sich nicht aus der Ruhe bringen und erledigten zwar schnell, aber nicht gehetzt ihre Arbeit. Sie musste ja ohnehin gemacht werden. Zwei Häuser hatten sie noch, dann würde das Hup-Genie aus den Fängen der 48er-Krallen befreit sein.

Doch so viel Zeit hatte der Fahrer nicht. Beim Menuett blieb er durchgehend auf der Hupe.

Einzelne Bewohner sahen schon verstohlen aus ihren Fenstern. Im sozialistischen Wien der 70er-Jahre hätte schon jemand runtergebrüllt, er möge doch den Lärm unterlassen, sich über die Häuser hauen, ansonsten gäbe es eine Watschen, dass er mit dem Arsch auf die Uhr schauen könne. Im heutigen sozialistischen Wien blickt man vorsichtig aus dem Fenster, schüttelt den Kopf und ruft anschließend die Polizei.

Georg dachte zuerst: „Egal, irgendwann ist die Batterie leer", hatte dann aber eine bessere Idee. Er öffnete das Handschuhfach, nahm ein kleines Fläschchen heraus und stieg aus dem LKW. Der Porsche-Fahrer hatte mittlerweile die Scheiben geöffnet und sein Rondo bestand aus wüsten Beschimpfungen. Georg gab seinen Mitarbeitern zu verstehen, dass sie zum nächsten Haus gehen sollten, er käme gleich nach.

Der Kopf des PS-Tarzans war zu einem fuchsigen Schädel geworden und die Adern am Hals schwollen an. Georg hob das kleine Fläschchen. Es war ein Scheibenputzmittel. Er winkte dem Fahrer freundlich zu, stieg auf das Trittbrett beim Führerhaus und begann in aller Ruhe seinen Seitenspiegel zu putzen.

Das war der Klassik-Kapazität zuviel. Es fielen ihr geradezu die Tasten aus dem Klavier. Es kurbelte das Fenster hinauf und schob gegen die Einbahn zurück. Kurz darauf war der Porsche verschwunden. Georg putzte noch den Seitenspiegel der Beifahrertür und fuhr zum letzten Haus der Gasse, wo seine Kollegen schon warteten. Als der Müllwagen die Gravanogasse verließ, spürte Georg ein maßloses Glücksgefühl. Er drehte sein Radio von Ö3 auf Ö1.

HANNAH

Ungefähr zur selben Zeit saß Hannah auf ihrer abgenutzen Couch und zerbrach sich den Kopf darüber, wie sie einer unangenehmen Einladung der Nachbarn aus dem Weg gehen könnte.

Sie lebte mit ihrem Mann Jochen in einer mittelguten Vorstadtgegend. Die Häuser waren gepflegt, aber seelenlos. Rasenroboter, Gartenmöbel aus grauem Kunststoff, Kugelgrill, Sitzpolster mit Blumenmustern – eine Terrasse glich der anderen. Man verstand sich gut mit den Nachbarn, fuhr aber nicht auf Urlaub mit ihnen. Alle Häuser hatten Thujen und einen Zaun. Bei manchen drohte am Eingangstor ein „Hier wache ich"-Schild.

Wie in jeder Reihenhaussiedlung gab es den einen Querulanten, der bei jeder Kleinigkeit die „Ich zeige Sie an"-Karte ausspielte. Seit dem Vorfall im letzten Jahr ging man einander aus dem Weg. Hannah hatte damals ohne zu fragen Blumen ganz nahe an das Nachbarsgrundstück gesetzt. Es endete damit, dass er vier Eisenstangen in die Erde steckte und sie mit rot-weißem Flatterband umwickelte. Hannah und Jochen hatten ohnehin nicht viel Kontakt mit dem Querulanten, aber seit dieser Reviermarkierung grüßte man sich nicht mehr.

Jochen arbeitete in einer Versicherung, verdiente genug Geld, damit sie ein anständiges Leben führen konnten, und war in der Siedlung sehr beliebt. Jedes Jahr fuhren die beiden nach Kroatien, immer an den gleichen Ort und immer um dieselbe Zeit. Sie hatten keine Kinder.

Hannah arbeitete halbtags als Friseurin in einem kleinen Laden im Nachbarort und kümmerte sich sonst um das Haus. Unzählige Staubfänger zierten die furnierten Möbelstücke. In einer Vitrine wurde das „gute Geschirr", ein Hochzeitsgeschenk von Jochens Eltern, zur Schau gestellt. In der Nacht war es beleuchtet.

Hannah stand auf, ging in die Küche und machte sich den dritten Kaffee. Sie waren morgen bei Ronny und Silvia eingeladen. Im Grunde nette Leute, aber sehr distanzlos. Jochen mochte sie nicht. Es war nun schon die dritte Einladung der beiden und Hannah wusste, dass sie auch einmal eine Gegeneinladung aussprechen mussten.

„Wenn wir die einmal im Haus haben, kriegen wir sie nie mehr los", hatte Jochen am Morgen beim Frühstück gesagt. Deshalb wäre es wichtig, eine gute Ausrede zu finden, um die Einladung abzusagen.

Hannah griff nach ihrem Laptop, sie wollte Jochen eine Mail schreiben.

Hannah Pieber schrieb um 12.33 Uhr

Hallo Bärli, Ich zerbreche mir gerade den Kopf, mir fällt nichts ein. Jetzt haben wir noch immer keinen Grund, warum wir absagen. Vielleicht sollten wir einfach hingehen? Kuss, dein Bebi

Jochens Antwort ließ nicht lange auf sich warten.

Jochen Pieber schrieb um 12.37 Uhr

Hallo Bebi!!

Nein, sicher nicht. Dann müssen wir "sie" auch einladen. Und du kennst die Silvia, wenn die zuviel getrunken hat, dann wird sie wieder so anlassig und der Ronny sitzt daneben und sagt nix. Dann gehen's wieder net heim und dann kannst wieder stundenlang lüften, damit es ungemütlich wird. Er fängt dann wieder an mit seinen Witzen, dann müssen wir wieder so falsch lachen. Na, da hab ich echt keine Lust drauf.

Sitz im Büro und denke an dich. Kuss, Bärli

Hannah Pieber schrieb um 12.46 Uhr

Ich verstehe, was du meinst, aber einen Tag vorher absagen? Jetzt haben's sicher schon das ganze Essen gekauft. Kuss, Bebi

Jochen Pieber schrieb um 12.48 Uhr

Einen Tag vorher absagen ist besser, als drei Tage vorher. Noch besser wäre erst morgen, das wirkt dann viel echter.

Hannah Pieber schrieb um 12.51 Uhr

Naja, wenn wir erst morgen absagen, dann können wir gar nicht aus dem Haus gehen.

Jochen Pieber schrieb um 12.52 Uhr

Wieso????

Hannah Pieber schrieb um 12.53 Uhr

Wieso?! Wenn's uns dann morgen draußen sehen, schaut das schon blöd aus. Besser ist, wir sagen heute ab, dann können wir am Abend noch wo hinfahren, damit wir morgen nicht daheim sind. Verstehst du, was ich meine, Bärli?

Jochen Pieber schrieb um 12.57 Uhr

Aha, ja klar. Gute Idee!!!! Und wenn wir morgen wirklich einen "Daheim-Tag" machen wollen, dann parke ich heute am Abend einfach das Auto oben bei der Schule und gehe zu Fuß heim, dann glauben's auch, dass wir net da sind.

Hannah Pieber schrieb um 13.03 Uhr

Das ist schon ein großer Aufwand. Du musst ja das Auto auch wieder holen. Besser ist, wir fahren weg.

Jochen Pieber schrieb um 13.07 Uhr

Wohin?

Hannah Pieber schrieb um 13.08 Uhr

Zu meinen Eltern.

Jochen Pieber schrieb um 13.09 Uhr

?????????????

Hannah Pieber schrieb um 13.10 Uhr

Warum nicht?

Jochen Pieber schrieb um 13.12 Uhr

Dann können wir gleich zu Silvia und Ronny gehen und sparen uns den Sprit!

Hannah Pieber schrieb um 13.13 Uhr

Naja, so viel trinkt der Papa auch wieder nicht.

Jochen Pieber schrieb um 13.13 Uhr

Weil er jetzt mehr schläft …

Hannah nahm einen kräftigen Schluck aus ihrer Kaffeetasse und setzte sich auf die Terrasse. Jochen hatte recht.

Hannah Pieber schrieb um 13.21 Uhr

Das ändert nichts an der Tatsache, dass wir noch gar keine Ausrede haben.

Jochen Pieber schrieb um 13.27 Uhr

Es kommt eben darauf an, ob wir heute oder morgen absagen!

Hannah Pieber schrieb um 13.31 Uhr

Wenn wir's heute machen, könnten wir sagen, dass uns etwas dazwischengekommen ist.

Jochen Pieber schrieb um 13.32 Uhr

Viel zu unkonkret, man braucht immer eine Geschichte dahinter, die man gleich erzählen kann.

Hannah Pieber schrieb um 13.34 Uhr

Dann sage ich, dass mein Vater ins Krankenhaus gekommen ist.

Jochen Pieber schrieb um 13.35 Uhr

Viel zu gefährlich! Was ist, wenn die deinen Vater besuchen wollen?

Hannah überlegte kurz. Die Sonne schien auf ihre nackten Oberschenkel. Langsam wurde es heiß. Sie veränderte die Position des Teleskopschirms.

Hannah Pieber schrieb um 13.42 Uhr

Und was ist, wenn wir morgen zu ihnen gehen und ich nach einer Stunde sage, dass ich Kopfweh hab? Bussi

Jochen Pieber schrieb um 13.44 Uhr

Viel zu klassisch. Dann gibt dir die Silvia eine Tablette. Bebi, ich habe gleich ein Kundengespräch, melde mich in einer Stunde wieder. Kuss, Bärli

Hannah Pieber schrieb um 13.45 Uhr

Ok. Ich überlege in der Zwischenzeit weiter :-)

KUSS

Hannah gab in die Google-Suchleiste folgende Worte ein:

Gute Ausreden Einladung

Nach kurzer Zeit wurde sie fündig. Eifrig schrieb sie Jochen eine Mail.

Hannah Pieber schrieb um 13.52 Uhr

Bärli ich hab's. Ich sage einfach, dass ich Regelschmerzen habe. Das kennt die Silvia auch. Und sowas dauert schon zwei, drei Tage. Kuss, Bebi

Nach circa 50 Minuten schickte Jochen ein Emoji, das einen erhobenen Daumen zeigte. Dazu noch ein Herz, das pochte und ungefähr zwölf Rufzeichen. Der Plan war perfekt.

Hannah Pieber schrieb um 14.47 Uhr

Dann ist es aber besser, wenn wir heute absagen, oder?

Jochen Pieber schrieb um 14.50 Uhr

Ja, finde ich auch! Ich muss mich ja um meine kranke Frau kümmern ;-)

Hannah Pieber schrieb um 14.51 Uhr

Ja, genau, und sehr intensiv ;-)

Jochen Pieber schrieb um 14.52 Uhr

Bebi, ich liebe dich!!!!

Hannah Pieber schrieb um 14.53 Uhr

Ich dich auch, mein Bärli. Rufe gleich bei Silvia an. Dicken Kuss!

Wieder kam ein gelber Daumen als Antwort. Hannah schnappte sich ihr Handy. Sie musste gar nicht anrufen, Silvia kam ihr zuvor. Nach einem kurzen Gespräch fand Hannah, es wäre besser, Jochen gleich anzurufen. Er nahm sofort ab.

„Und?", fragte er.

„Silva hat mich gerade angerufen. Sie hat uns für morgen abgesagt." Jochen antwortete nicht sofort.

„Aha, und warum?", blaffte er ins Telefon.

„Silvia sagte, es ist ihnen etwas dazwischengekommen." Diesmal ließ sich Jochen keine Zeit.

„Glaubst du das?"

„Eigentlich nicht", sagte Hannah.

„Das sind Arschlöcher, was? Ich meine, da nimmt man sich extra Zeit für den Abend und dann wird man einfach ausgeladen!" Ein hörbar aufgebrachter Jochen verstand die Welt nicht mehr.

„Sei doch froh", besänftige ihn Hannah, „dann haben wir unsere Ruhe."

„Nein", schrie er ins Telefon. „Da geht's ums Prinzip. Ich glaube es nicht! Da lügt dir die Alte brettleben ins Gesicht. Na, das lasse ich nicht auf mir sitzen. Nach der

Arbeit geh ich rüber und stell sie zur Rede!"

„Geh, Bärli, das bringt doch nichts", versuchte sie ihn zu beruhigen.

„Doch, alles muss man sich auch nicht gefallen lassen", meinte Jochen und beendete das Gespräch.

Hannah ging in die Küche. Sie öffnete den Kühlschrank und holte eine Flasche Prosecco heraus. Mit dem vollen Glas in der Hand richtete sie sich eine Gartenliege und legte sich in die Sonne. Der Prosecco lief ihr langsam und prickelnd die Kehle hinunter. Sie war glücklich. Es würde ein ruhiges Wochenende werden, denn sie wusste, dass Jochen nicht zu Silvia gehen würde. Hannah griff zu einer Sprühflasche und bespritzte ihre Beine mit Wasser. Dann schlief sie ein.

JAKOB

Ungefähr zur selben Zeit hatte Jakob nichts dem Zufall überlassen. Das Schlafzimmer war prächtig geschmückt, überall standen Kerzen. Er lag auf dem Bett und wartete auf Pauline. Sie waren nun schon seit zwei Jahren ein Paar, sie hatten sich in Triest kennengelernt. Damals besuchte Jakob wie jedes Jahr die große Olivenölmesse in der Stazione Marittima direkt am Hafen. Er war gerade am Stand mit den slowenischen Ölen, als ihm eine große Frau mit endlos langen Beinen auffiel. Sie hatte etwas Nobles. Ihr Gang wirkte etwas ungelenk, aber gerade das gefiel ihm. Er konnte seinen Blick nicht von der großen Frau lassen. Sie war am Toskana-Stand und bemerkte Jakob vorerst nicht.

Die Frau trug ein blau-weißes Sommerkleid, ihre Haare waren lang und schwarz. Jakob spürte Nervosität, sein Herz begann schneller zu schlagen und seine Hände schwitzten. Er ging zum Toskana-Stand und stellte sich neben die schwarzhaarige Schönheit. Erst jetzt fiel ihm auf, dass die Frau gut einen Kopf größer war als er. Sie war in ein Gespräch über ein spezielles Chiliöl vertieft. Jakob streifte sie mit seiner rechten Hand. Absichtlich. Er war kein großer Aufreißer, die Angst vor einem Korb hemmte ihn. Daher griff er zu dieser plumpen Möglichkeit, um auf sich aufmerksam zu machen.

„Verzeihung", sagte er.

Die Frau drehte sich zu Jakob. Ihre Augen waren grün und luden dazu ein, sich in ihnen zu verlieren. Plötzlich lief alles wie in Zeitlupe. Die Frau sagte, es mache nichts und berührte dabei Jakobs linke Hand. Ein Stromschlag fuhr durch seinen Körper. Seine Achselhöhlen füllten sich mit Schweiß und sein kariertes Hemd bekam dunkle Ränder.

Sie fragte ihn, ob er öfter hier sei. Sie wäre das erste Mal in Triest und kenne die Stadt noch nicht gut. Jakob nickte, er konnte nichts sagen, sein Mund war trocken. Die Frau reichte ihm die Hand und stellte sich als Pauline vor. Als er ihren Gruß aufgeregt erwiderte, stieß er mit seinem Ellbogen an die Chiliöl-Flasche. Sie ging zuerst zu Boden und dann zu Bruch. Langsam ergoss sich die grün-rote Masse auf dem einfachen Fliesenboden. Es roch scharf.

Etwas zu schnell wollte Jakob das Missgeschick beseitigen, bückte sich, glitt über die ölige Masse und landete auf dem Steißbein. Er stützte sich mit den Händen am Fliesenboden ab und zerschnitt sich mit einem Glassplitter den rechten Ringfinger. Seine braune Chino-Hose war getränkt mit Öl. Mühsam versuchte er, sich aufzurichten und stieß sich dabei den Kopf an der Tischplatte. Verschmiert, blutig und verschwitzt stand er dann endlich wieder vor der Frau und nannte seinen Namen. Sie lachte. Der Mann am Toskana-Stand wurde davon angesteckt und begann ebenfalls zu lachen. Wie ein Schneeballeffekt breitete sich das Lachen in der Halle aus. Jakob lachte auch.

Die Putzfrau allerdings war nicht gewillt, die Schadenfreude der Anwesenden zu teilen. Sie kam festen Schrittes mit einem Putzwagen, fluchte auf Italienisch und begann, den Tatort zu reinigen. Die Frau und ein öliger kleiner Mann verließen die Messe.

Sie wartete in der Hotellobby. Jakob hatte sich umgezogen und trug einen weißen Leinenanzug. Sein bestes Stück. Fünf Minuten später saßen die beiden auf der Piazza dell'Unità d'Italia, tranken einen Veneziano und blickten aufs Meer. Triest zeigte sich an diesem Tag von seiner schönsten Seite. Die Sonne stand wolkenlos am Himmel, der Wind beschenkte die beiden mit einem Duft aus Salz und Freiheit. Die Zeit war an diesem Tag kein Gegner. Sie plauderten, tranken, lachten. Er hatte das Gefühl, Pauline schon ewig zu kennen. Ihr Lachen ließ einen auf die Knie gehen und hatte etwas unglaublich Gewinnendes.

Jakob verdrängte die Gedanken an den Abschied. Pauline musste heute wieder zurück nach Wien. Als die Sonne hinter den Häusern verschwand und die Piazza in Schatten gehüllt war, begannen Jakobs Hände wieder zu schwitzen. Der Kellner brachte die Rechnung. Jakob zahlte. Nun war der Moment gekommen, ab dem Jakobs Leben wieder in gewohnten Bahnen verlaufen würde. Er erhob sich vom Tisch, bedankte sich für den wunderschönen Tag und fragte, ob sie in Kontakt bleiben könnten. Das kostete ihn viel Überwindung, aber der Veneziano hatte seine Zunge gelockert. Dann passierte es. Jakob wollte eben zu einem Bussi links, Bussi rechts ansetzen, als die Frau ihn an sich zog, seinen Hinterkopf mit beiden Händen umklammerte und ihn leidenschaftlich küsste. Sie schmeckte nach Erdbeeren. Dann gingen sie auf Jakobs Zimmer. Sie sollten es die nächsten drei Tage nicht mehr verlassen. Pauline warf Jakob aufs Bett und zog ihm seine Hose aus. Jakob war erregt, er hatte drei Jahre lang keinen Sex mehr gehabt. Sie setzte sich an die Bettkante und begann seine Hand zu streicheln. Ihr Blick wurde plötzlich melancholisch.

„Was ist los?", fragte Jakob.

„Bevor wir es tun, muss ich dir noch etwas über mich erzählen."

Die Tür wurde aufgesperrt. Pauline kam nach Hause. Jakob legte sich in eindeutiger Pose auf das mit Rosen geschmückte Bett. Er rief aus dem Schlafzimmer:

„Schatz, komm zu mir, ich habe eine Überraschung für dich!"

Pauline antwortete, dass sie gleich komme, sie wusste, was er vorbereitet hatte. Jakob war ein Romantiker, er vergötterte Pauline und auch sie ihn. Sie ging ins Bad und machte sich frisch. Als die Schlafzimmertür aufging, stand eine spärlich bekleidete Frau im Türrahmen. Sie kroch zu Jakob ins Bett. Ihre Küsse waren immer noch so leidenschaftlich wie damals im Hotel. In dieser Nacht liebten sie sich zweimal. Erschöpft lagen sie nebeneinander und streichelten sich. Jakobs Haut war nass, seine Haare klebten an seiner Stirn. Eine Zeit lang lagen sie einfach nur da und sagten nichts. Im Kerzenlicht flackerten die Schatten ihrer Zuneigung. Sie würden bald heiraten.

Pauline küsste Jakob, dann stand sie auf und ging zum Schminktisch. Er nahm ihre Perücke ab, schminkte sich ab und war wieder ganz Paul. Er zog sich eine Bermudashort an und schlüpfte zu Jakob ins Bett. Die Kerzen wurden gelöscht. Ein letzter zärtlicher Kuss, dann schliefen sie zufrieden ein. Über dem Bett hing ein Gemälde, das den Hafen von Triest zeigte.

KATHARINA

Ungefähr zur selben Zeit stellte sich Katharina auf die Waage und traute kaum ihren Augen. Nicht einmal zwei Kilo weniger waren es geworden, seitdem sie vor drei Wochen diese neue, „Absolut ohne Hungern-Diät" begonnen hatte.

Was hatte sie nicht schon alles ausprobiert: Dukan, Weight Watchers, Low Carb, Paleo und und und. Der anfängliche Erfolg mündete immer in einer herben Enttäuschung. Wie viele Male hatte sie sich schon kasteit in ihrem Leben? Wie oft hatte sie nicht einmal gewagt daran zu denken, von den verbotenen Früchten zu naschen. Dass diese Früchte mit Schokolade überzogen waren, machte die Sache umso belastender.

Dieses erschreckende diabolische Gefühl, wenn man an einem gelben M fluchtartig vorbeisaust, und diese ignoranten Menschen mit ihren Burgern hinter der Scheibe beobachtet, wie ihnen die Sauerrahmsoße übers Kinn rinnt, kannte sie besser als den Geburtstag ihrer Mutter. In diesen Augenblicken wusste sie, warum Neid zu den sieben Todsünden zählt. „Schleckt nur eure Finger ab und erstickt daran", sagte sie sich in diesen Momenten. „Kleopatra hat in Milch gebadet. Was für ein Vollmädchen!

Irgendwann kommt die Zeit, da fülle ich meine Badewanne mit Nutella und dann werdet ihr argwöhnischen Haussklaven davor kniend betteln, um ein Maul voll davon zu ergattern. Ich aber werde gehässig sein, und euch nur unreife Trauben vor die Füße werfen."

Aber auch diese Gedanken erwiesen sich nach genauerer Überlegung als herber Dämpfer, weil sie gar keine Badewanne ihr Eigen nennen konnte. Und da sie Kunstgeschichte studierte, würde der Weg zur Nutella-Kleopatra auch ein sehr langer sein. Egal, ein Waschbecken voll mit der Fett- und Zucker-Masse wäre ein berauschender und in erster Linie leistbarer Auftakt.

Katharina trat von der Waage und betrachtete sich im Spiegel. Was für ein schwermütiger Anblick, beurteilte sie ihr Antlitz. Es blieb ihr nichts anderes über, als die Waage mit all ihrem Stimmvolumen, und so laut, dass es auch die Nachbarn über ihr hören würden, anzubrüllen: „Du blöde Sau!" Das tat gut. Motiviert von ihrem Erfolg setzte sie ein „Was glaubt du eigentlich, wen du da vor dir hast, du elektronischer Judas!" nach. Es entstand eine Pause, in der Katharina die Waage fixierte und eine Entscheidung traf, die ihre unmittelbare Zukunft verbessern würde.

Hastig ging sie aus dem sehr kleinen Badezimmer ins Zimmer ihrer 27 Quadratmeter Wohnung. Über ihrem roten Alusessel von Ikea hing das Gewand vom Vortag, in das sie unverzüglich schlüpfte. Die letzte Nacht klebte noch in ihrem Oberteil und auch die Hose hatte schon bessere und vor allem gewaschenere Zeiten erlebt. Wie dem auch sei, dachte sie. Jetzt musste es sein.

Kurz bevor sie die Wohnung verlassen wollte, fiel ihr Blick auf ihren Kleiderkasten. Ganz oben lag sie, die „Ich schau, ob ich zugenommen habe"-Hose. Diese

Hose war der absolute Maßstab für ein glückliches Leben. In verzweifelten Phasen spielte Katharina mit dem Gedanken, diese Hose in den Caritas-Container zu werfen und eine Nummer größer zu kaufen. So würde sie sich einen gewissen Spielraum und eine neue, richtige Form schaffen. Eine Nummer größer würde bedeuten, dass man sich wieder dicker bewegen kann, die Kompromisse dünner werden. Fremde Lügen zu glauben führt manchmal dazu, plötzlich eine eigene Meinung zu haben, aber sich die eigenen Lügen zu glauben, ist die ultimative Selbstbetrugserleuchtung. Immerhin weiß man, wer einen gerade beschissen hat.

Nein, ihr Entschluss stand felsenfest, noch dazu war die „Ich schau, ob ich zugenommen habe"-Hose nicht aus Stretch. Kleine Kaschierungen waren dementsprechend nicht möglich. Wenn's zwickt, dann zwickt's.

Sie schritt durch die Wohnungstür mit dem Wissen, dass ihre Reise eine kurze sein würde. Genau gegenüber von ihrer Wohnung hatte Emre seinen kleinen türkischen Laden, der auch am Sonntag geöffnet war. So klein, dass man alles bekam außer Schiffsschrauben. Würdevoll trat Katharina ein und ging zielstrebig auf das Regal zu, das im hinteren Drittel des Ladens war. Dort standen Konserven mit Weinblättern und anderen Vorspeisen. Diese überflog sie in großer Eile, denn anders als in beim Schuhe kaufen wusste sie genau, was sie wollte. Bevor der etwas untersetzte und angegraute Emre etwas sagen konnte, befahl Katharina ihm: „Das hier! Das große Glas!" Emre verstand sofort und schenkte der entschlossenen Dame ein verständnisvolles Lächeln. Er erkannte auf Anhieb, dass sie nicht reden wollte, sondern dass ihr Plan unmittelbar in die Tat umgesetzt werden musste.

Emre steckte das Glas in einen viel zu großen Plastiksack und zwei Minuten später stand Katharina, nur mehr in Unterhose und BH bekleidet, in ihrem 27 Quadratmeter Tempel und hielt die Trophäe mit Stolz und Genugtuung in ihren Händen. Sie griff sich einen schmutzigen Teelöffel aus der Spüle und öffnete das Glas mit gebührender Wertschätzung. Als sie in die braune Masse stach und sich den ersten Löffel in den Mund schob, war Katharina glücklich. Glücklich wie schon lange nicht mehr. Dieses Glas Çokokrem, eine Art türkisches Nutella, ließ Katharinas Herz höher schlagen, höher als der Orgasmus von letzter Nacht. Sie vergaß ihre Waage, ihre „Hab ich zugenommenen"-Hose und vor allem diese furchtbaren Diäten.

„Gibt es etwas Sinnlicheres, als sich pure Kakaomasse in den Rachen zu stopfen?", sinnierte sie. Sie hatten einen Orgasmus im Mund. Zufrieden setzte sie sich aufs kleine Sofa und schaltete den Fernseher ein. Nach kurzem hin und her zappen, blieb sie bei einem Zeichentrickfilm aus dem Jahr 1968 hängen. Die Geschichte drehte sich um einen kleinen Gallier, der Kleopatra half, eine Wette gegen Cäsar zu gewinnen.

Katharina ging erneut zur Spüle und tauschte den Tee- gegen einen Esslöffel aus.

Die Waage im Badezimmer hatte einen Sprung am Display und zeigte das Wort: Error.

LUKAS

Ungefähr zur selben Zeit parkte ein Mercedes Bus vor dem Hotel Kitzbühler Hof. Ein Mann mit blonden Haaren stieg aus. Er trug einen weißen Anzug, dazu ein violettes Hemd. Sein Gesicht war braun und er strahlte eine große Sympathie aus. Er musste um die 60 Jahre alt sein, obwohl er um einiges jünger wirkte. Begleitet wurde er von einer jungen Frau in einem teuren Sommerkleid und einem Mann in einem schwarzen, tadellosen Anzug, der wie ein Managertyp aussah. Der Mann trug eine dunkle Sonnenbrille. Der Direktor des Hotels begrüßte die Gruppe mit der gebotenen Höflichkeit und gab zu verstehen, dass sich alle Besucher schon mächtig auf sie freuen würden. Die Gruppe betrat die Hotellobby und verschwand schnell durch eine goldbeschlagene Tür.

Lukas saß mit zwei weiteren Männern im Speisesaal. Sie hatten die Reise bei einem Preisausschreiben gewonnen und fühlten sich etwas deplatziert. Ihre Anzüge waren nicht von Boss, sondern von H&M. Von dem Mann mit den blonden Haaren bekamen sie zunächst nichts mit.

Lukas war zum ersten Mal in Kitzbühel und es würde mit Sicherheit auch das letzte Mal gewesen sein. Er war Dachdecker von Beruf und konnte mit dem Schicki-Micki-Gehabe der Menschen hier nichts anfangen. Alleine die Speisekarte bereitete ihm große Probleme. Viele Namen der angebotenen Speisen konnte er nicht aussprechen, geschweige denn wusste er, worum es sich dabei handelte. Seinen beiden Freunden ging es ähnlich. Sie bestellten sich ein Steak und tranken dazu Bier in Flötengläsern. Es war ihr letzter Tag in Kitzbühel. Die meisten Besucher des Hotels sprachen Russisch und schmückten sich mit billig aussehenden Frauen.

Der blonde Mann im weißen Anzug steckte sich eine Rose ans Revers, gleich würde es losgehen. Draußen im Saal konnte er schon seinen Namen rufen hören. Als er die Bühne betrat, brachen die Menschen in Begeisterungsstürme aus. Er nahm unzählige weitere Rosen und reichte sie liebevoll an den Mann mit der Sonnenbrille weiter. Der ging damit in den Nebenraum und warf sie in einen Mülleimer.

Lukas und seine Freunde waren gerade dabei die Nachspeise zu vertilgen. Was es war, wussten sie nicht, aber es schmeckte. Heute würden sie nicht mehr in den Hafen des Kitzbühler Nachtlebens segeln, sondern vielleicht noch einen Absacker an der Bar zu sich nehmen. Die Rechnung kam wie immer in einem schwarzen Lederetui, das mit dem Namen des Hotels in goldenen Lettern geschmückt war. Mittlerweile war es eine Challenge geworden, wer aus der Gruppe das Etui öffnen durfte. Heute war Lukas dran. Langsam wagte er einen Blick auf den bedruckten Zettel.

„Männer das ist Rekord.", sagte er lachend. Lukas legte fünf grüne Scheine in die Ledertasche und freute sich auf die Worte: „Stimmt so." Als er dem Kellner das Täschchen überreichte, disponierte er noch schnell um und sagte zu ihm:

„Wir wollten essen, nicht das Lokal kaufen."

Der Kellner lachte nicht. Wortlos nahm er den Umschlag entgegen.

Im gegenüberliegenden Saal hatte die Stimmung ihren Höhepunkt erreicht. Der blonde Mann hatte sich sein Sakko ausgezogen und zwei Knöpfe am Hemd geöffnet. Schweißperlen standen auf seiner Stirn, die Menge tobte.

Lukas und seine Freunde saßen an der Bar mit jeweils einem Gin Tonic in der Hand. Vor ihnen lagen Nüsse, die in einer edlen Schale angerichtet waren. Alle freuten sich auf zu Hause, auf ihre Familien und ihre Kinder. Am Montag würden sie alle wieder eine blaue Montur tragen und auf einer Baustelle mit einem polnischen Vorarbeiter diskutieren.

Der blonde Mann trocknete sich mit einem Handtuch, das ebenfalls mit dem Namen des Hotels in Goldlettern dekoriert war, die Stirn. Die Frau im Sommerkleid gab ihm frische Kleidung, der Mann mit der Brille bewachte die Tür. Draußen warteten einige Damen auf ihn, die im selben Alter waren wie er. Einige von ihnen waren allerdings nicht so jung wie er geblieben, so ehrlich muss man sein. Der Blonde sagte, er habe noch Lust auf einen Absacker, der Abend wäre so fantastisch und er wolle noch nicht nach Hause. Er hatte es ja ohnehin nicht weit.

Lukas sah den Blonden zuerst. Er gab seinen Kollegen ein Zeichen, auch in die Richtung des Blonden zu sehen. Kein Zweifel. Er war es.

Der Blonde setzte sich mit seinen Gefährten an die Bar. Sie bestellten Champagner. Nicht Veuve Clicquot, sondern Dom Perignon. Lukas erkannte seine Chance, denn so nahe würde er dem Blonden nie mehr kommen. Er ging auf ihn zu und sagte etwas unbeholfen:

„Entschuldigen Sie, dass ich Sie anspreche, ich weiß, Sie wollen sicher Ihre Ruhe, aber können wir vielleicht ein Foto machen?"

„Ja, natürlich, sehr gerne!", antwortete der Blonde kolossal höflich.

Mit dem was dann geschah, hatte niemand gerechnet, weder Lukas' Freunde noch die Entourage des Blonden. Lukas gab dem blonden Mann die Kamera, setzte sich zwischen seine beiden Freunde und gab ihm ein Zeichen jetzt abzudrücken. Der Blonde tat es. Lukas bedankte sich, wünschte noch einen schönen Abend und ging zurück zu seinen Freunden. Innerlich konnten sie sich kaum mehr vor Lachen halten. Das Abenteuer Kitzbühel endete mit einem Happy End.

Draußen vor der Tür stand ein Mercedes Bus mit der Aufschrift:

„Hansi Hinterseer on Tour"

MICHAEL

Ungefähr zur selben Zeit ging Michael ein letztes Mal auf die Bühne der großen Stadthalle, um sich gebührend zu verbeugen. Der Abend war eine Sensation, die Stadthalle bis auf den letzten Platz gefüllt. Er genoss noch einmal das Bad in der frenetisch akklamierenden Menge und verabschiedete sich mit den Worten: „Heute haben wir Kabarettgeschichte geschrieben. Als ich vor 30 Jahren vor 30 Leuten anfing, habe ich von solchen Abenden geträumt. Ich danke euch!" Noch ein kurzer Gruß, dann verschwand er im Labyrinth der Stadthallen-Gänge. Man stellt sich Backstage-Bereiche sehr glamourös vor, voll goldener Klosetts und mit Tafeln prall gefüllt mit Köstlichkeiten aus aller Welt, die an ein rauschendes Fest in Schloss Versailles erinnern. Michael stand in seiner kahlen Garderobe und sah auf die lieblos angerichtete Wurstplatte. Die Salami auf den offensichtlich appetitlich gemeinten Brötchen hatte schon zu schwitzen begonnen. Er stopfte sich das Salamibrot in den Mund und hatte das Gefühl, einen Kaugummi zu kauen. Die obligatorische Mayonnaise half dabei, die Masse in den Schlund zu befördern.

Obwohl der Abend den größten Erfolg in seiner Karriere markierte, war Michael in diesem Moment sehr unglücklich. Der traurige Anblick seiner Garderobe ließ ihn über seine Anfänge sinnieren, als es bei jedem Auftritt um Leben und Tod gegangen war. Er vermisste dieses Gefühl. Er war sich bewusst, dass sein Konto jetzt prall gefüllt war, aber die Einsamkeit wog stärker als die finanzielle Unabhängigkeit. Er hatte diese Schulterklopfer so satt wie das eben verzehrte Salamibrot. Auch die Nörgler und Pessimisten, die, immer wenn er etwas Neues probierte, von vornherein schon wussten, dass daraus nichts werden konnte. Ironischerweise waren es immer diese Leute, die, nachdem eine neue Sache von ihm erfolgreich war, zu ihm kamen, ihm auf die Schulter klopften und meinten: „Na, was habe ich gesagt, ich habe es immer gewusst, dass es funktioniert."

Michael öffnete den Kühlschrank und griff nach einer Bierdose. Das Zischen nach dem Öffnen dauerte ziemlich genau so lange, wie das Trinken. Sein lautes Rülpsen wurde von seinem Manager unterbrochen, der um die Eck bog und immer wieder überschwänglich tönte „Sie lieben dich. Sie lieben dich!" Sein Manager küsste ihn und verzog merklich die Augen.

„Ich habe gerade ein Salamibrot gegessen, sorry", sagte Michael, dem die Symbiose aus Wurst und Bier nicht entgangen war. Kurzes Baustellen-Feeling im Versailles des schlechten Geschmacks.

„Wurscht", sagte sein Manager, „wo gehen wir hin? Wir sollten feiern!" Michael antwortete nicht gleich. „Die nächsten Termine sind auch alle ausverkauft", schob der Manager nach.

„Weißt du was Heinz, ich möchte heute gerne einfach alleine sein und den Triumph für mich im Stillen genießen."

„Ja klar, Michi, was immer du willst", zeigte sich der Manager verständnisvoll. Michael betrachtete Heinz, der in seinen Unterlagen kramte, gleich würde er ihm die Einnahmen des heutigen Tages kundtun.

„Also", hob er an.

„Ich will's gar nicht wissen", stoppte Michael seinen Enthusiasmus. „Ja klar, Michi, was immer du willst!" Es entstand eine unangenehme Pause. Beide blickten zu Boden und suchten nach den richtigen Worten. Heinz eröffnete mit „Ja ... dann ..." „Bis morgen", beendete Michael die Konversation.

Er drückte die Bierdose in der Mitte zusammen, warf sie in den Mülleimer und verließ die Garderobe. „Falls du es dir anders überlegst, wir sind sicher noch unterwegs", rief ihm Heinz hinterher. Die Worte verhallten in den bunkerähnlichen Gängen.

Draußen angekommen atmete Michael tief durch. Die Luft roch nach Teer und Benzin. Von Weitem blickte er durch die Glasscheiben der Halle und sah, dass immer noch Menschen im Foyer warteten, um ein Selfie – das Autogramm der Jetztzeit – zu ergattern. Kurz plagte ihn sein schlechtes Gewissen. Die Menschen sind alle wegen dir gekommen und jetzt lässt du sie im Stich. Morgen nehme ich mir so viel Zeit wie nötig, um alle Selfie-Wünsche zu erfüllen, beruhigte er sich und schlenderte in das Pub gegenüber der Stadthalle.

Michael trat ein und war erleichtert, dass außer einem großen Tisch im hinteren Eck alles frei war. Er setzte sich ins andere Eck und bestellte sich ein großes Bier.

Als der freundliche Kellner das Bier brachte, zögerte er kurz, nahm allen Mut zusammen und stellte die Frage, mit der Michael schon bei der Bestellung gerechnet hatte. „Verzeihung, ich will Sie nicht stören, aber sind Sie der Michael ..." Michael konterte freundlich, aber bestimmt: „Heute nicht." Der Kellner verstand sofort und entfernte sich vom Tisch. Michael ließ den Abend nochmals Revue passieren und entdeckte nun doch so etwas wie Stolz. Das musste ihm erst einmal jemand nachmachen. „Sie lieben dich .... Sie lieben dich", gingen ihm die Worte von Heinz durch den Kopf. Er leerte schnell sein Bier und ging zur Theke, um zu bezahlen. Als er gerade seine Geldbörse zückte, bemerkte er eine bekannte Gestalt in der Gruppe am anderen Tisch. Es war Eva Matusek, eine Schauspielerin aus dem Burgtheater und der Star der österreichischen Theaterszene. Sie war gerade dabei, den letzten Achttausender des Theaters zu besteigen und die Kritiken würden wie immer hymnisch ausfallen. Um sie herum saßen zahlreiche junge SchauspielerInnen, die Eva mit begeistertem Gesicht an den Lippen hingen. Der Messias und seine Jünger sitzen also in einem kleinen Pub im 15. Wiener Gemeindebezirk und trinken keinen Wein, sondern Wodka.

Michael tat so, als würde er Eva nicht bemerken, und versuchte, leider recht ungeschickt und auffällig, so schnell wie möglich das Lokal zu verlassen.

„Ja, wen haben wir denn da?", rief Eva so laut, dass es auch der Chinese von nebenan gehört haben musste.

„Hallo Eva, ich habe dich gar nicht gesehen", log er derart dreist, dass dem Chinesen nebenan die Acht Schätze aus der Pfanne fielen. Eva wandte sich mit einer großen und etwas zu theatralischen Geste an ihre

Jünger „Schaut mal, wer da ist, der große Michael, der Starkabarettist, der Popstar der leichten Unterhaltung." Genau das hatte er jetzt gebraucht. Er stand nun im Käfig und die glotzende Menge wollte dem Affen Zucker geben. Sie fixierten ihn wie das Raubtier die Beute. Michael lächelte freundlich in die Runde, was aber nicht erwidert wurde.

Nun muss man wissen, dass zwischen den meisten Kabarettisten und Theaterschauspielern seit jeher eine unausgesprochene Spannung herrscht. Viele Theaterleute erachten Kabarettisten nicht als Schauspieler, Kabarett als keine Kunst und den sogenannten Kabarettfilm für kommerziellen Abfall. Dazu kommt ein gewisser Ärger, dass die Filme, in denen Kabarettisten die Hauptrollen spielen, fast immer besser besucht waren als jene der Hochkultur.

„Setz dich her zu uns!", forderte ihn Eva mit gleichbleibender Lautstärke auf.

„Eva, sei mir nicht bös', ich muss morgen früh raus", log Michael erneut. Der Chinese drehte sein Schild an der Eingangstür von „offen" auf „geschlossen".

„Oh, sind wir einfachen Schauspieler zu minder für den Herrn Superstar?" Evas Lautstärke hatte offenbar eine Saisonkarte. Michael bemerkte, dass Eva schon etwas angetrunken war. Widerwillig setzte er sich an den Tisch. Er war kein großer Nein-Sager.

„Wo hast du heute Witze auf Kosten anderer gemacht?", fragte sie etwas zynisch. Michael machte gute Miene zum bösen Spiel und antwortete ganz jovial: „Stadthalle".

„Und wie viel Leute?"

„8000, also ausverkauft."

„Wow, das hatte ich bei den Festspielen auch", betonte Eva auch ihren Stellenwert.

„Und wo kommt ihr her?", fragte Michael. Dies sollten für circa eine Stunde seine letzten Worte gewesen sein, denn nun übernahm Eva das Steuer.

„Von den Endproben zu ‚Kasimir und Karoline'." Im Laufe dieser Stunde kamen immer mehr Gäste in das Lokal und Eva ließ es nicht nehmen, auch den Neuankömmlingen jenen Mann zu präsentieren, der da am Tisch saß. Dies tat sie mit hämischer Polemik. Die Jünger amüsierten sich über Michael und konnten nicht verstehen, dass man mit Witzen die Stadthalle füllen konnte. Als die Flasche Wodka leer getrunken war ergriff Michael seine Chance. Er ging zur Theke und orderte eine weitere. Eva verstand das als eine Herausforderung. Sie brachte sich in Position und deklamierte in die Menge: „Oh, seht mal her, der tolle Michael lädt uns auf eine Flasche Wodka ein, wie kommen wir zu dieser Ehre?" Die anderen Gäste kommentieren das mit einem Lächeln, denn sie verstanden den wahren Hintergrund des Auftritts nicht. Michael nahm das Tablett mit der Flasche und den Gläsern entgegen. Er gab dem Kellner zu verstehen, dass er den Wodka selbst servieren wollte. Er ging auf den Tisch zu, Eva stand noch immer da und setzte zum finalen Dolchstoß an: „Jetzt serviert er uns den Wodka auch noch, was ist nur los, dass uns der Megastar so viel Hochachtung entgegenbringt?"

Michael stellte das Tablett in die Mitte des Tisches und sagte, ganz gelassen jedes einzelne Wort betonend: "Ich weiß ja, was ihr verdient's"

Die grinsenden Visagen der Jünger verwandelten sich in stoische, ausdruckslere Gesichter und Eva wurde ohne Umwege nüchtern. Michael verabschiedete sich von der Runde, strahlend und zufrieden, erfüllte noch jeden Selfie-Wunsch der anderen Gäste und stolzierte aus dem Lokal. Draußen zog er abermals Teer und Benzin in die Nase und war glücklich. Er kramte sein Handy aus der Tasche und begann zu tippen. Eine Minute später las Heinz folgende Nachricht:

Michael:

Wo seid's?

Heinz:

Engländer.

Michael:

Bin gleich da.

Heinz:

;-)

Michael winkte sich ein Taxi. Als er einstieg, sah er einen Chinesen auf der gegenüberliegenden Straßenseite. Als sich ihre Blicke trafen, lachten beide.

NELLY

Ungefähr zur selben Zeit betrat Nelly gemeinsam mit ihrem Mann ein kleines Pub in der Nähe von Glenville, im irischen Hinterland. Sie waren schon den ganzen Tag unterwegs gewesen und freuten sich auf eine kalte Erfrischung. Es waren kaum Leute da, daher wählten die beiden den großen Tisch in der Mitte des Lokals. Nellys Füße schmerzten und sie konnte es kaum erwarten, ihre Kehle mit einem würzigen und fast schaumlosen Bier zu belohnen. Es war später Nachmittag und draußen war außer grünem Meer nichts Besonderes zu sehen. Die Landschaft wirkte wie eine kitschige Postkarte, die beinahe zu schön ist, um sie zu beschriften.

Nach kurzer Zeit kam der bullige Wirt an den Tisch. Einen oberflächlichen Small Talk später wurde der Wirt, obwohl freundlich bleibend, doch nachdrücklich, als er sagte: „Würde es euch etwas ausmachen, euch an einen anderen Tisch zu setzen?" „Warum denn?", fragte Nelly, „es sind ja so gut wie keine Leute da". Der Wirt verstand, daher kam er gleich zur Sache. „Das stimmt, aber sie sitzen auf dem Stammplatz von Bono.

„Wie bitte?", dachte Nelly. Meinte der Wirt **den** Bono? „Der Bono?", fragte Nelly? „Ja, der Bono – es gibt ja nur den einen", entgegnete der Wirt, „und dieser eine Bono kommt in Kürze mit einem Freund vorbei, und wäre sicher enttäuscht, wenn sein Platz nicht frei ist."

Nelly glaubte zuerst, es handle sich um einen blöden Scherz. Was macht denn Bono hier im irischen Nirgendwo? Okay, die Landschaft war atemberaubend, aber man sah sich an allem satt. Bei diesem Gedanken blickte sie kurz zu ihrem Mann und fühlte sich bestätigt. Der Wirt versicherte ihnen, dass er es ernst meine, und wiederholte seine Bitte, doch den Platz zu wechseln.

Nelly und ihr Mann nahmen ihre Wanderrucksäcke und setzten sich an den Tisch gleich daneben. Der Wirt bedankte sich und spendierte ihnen einen Whiskey aus der Gegend. Nelly spürte wie sie nervös wurde – Bono, der Gott, das Idol aus ihrer Jugend würde jetzt gleich hereinkommen und sich praktisch neben sie setzen. So nahe war Nelly ihm nicht einmal 1992 auf der Donauinsel gekommen, als sie in der ersten Reihe stand und ohne nachzudenken schrie, sie wolle ein Kind von ihm. – „With or without you". Das erste Kilkenny stürzte Nelly hinunter als sei es Limonade. „Noch eines, bitte!", rief sie quer durch das Pub. Das zweite hatte eine ähnliche Haltbarkeit. „Noch eines, bitte", wiederholte sie ihre Forderung.

„Nicht so hastig oder willst du, dass dich Bono bei eurer ersten Begegnung völlig betrunken sieht?", ermahnte sie ihr Mann. Er hatte recht. Nelly drosselte ihren Alkoholkonsum und begann an ihren Fingernägeln zu kauen. Am Tisch herrschte eine erwartungsschwangere Stille, Nelly fühlte sich wie ein Teenager vor dem ersten Date.

Eine Stunde verging. Kein Bono. Mittlerweile waren die beiden die einzigen im Lokal. Eine weitere halbe Stunde verging, in der nichts passierte. „Der kommt nicht", sagte ihr Mann, „lass uns gehen, wir müssen noch zurück ins Hotel." Nelly wusste, dass ihr Mann mit seiner

Vermutung richtig lag, wollte es aber nicht glauben und schaltete auf trotziges Kind. „Geh ruhig, ich bleibe da und warte."

„Jetzt sei nicht lächerlich, wie alt bist du denn?" Langsam wurde ihr Mann ungeduldig. Nelly stellte sich taub und ging entschlossen an die Bar. Sie konfrontierte den Wirt mit einer eindeutigen „Kommt er noch?"-Geste. Der zuckte nur kurz mit den Schultern und widmete sich wieder seinen unzähligen Whiskeygläsern, die er mit bedachtsamer Begeisterung polierte. Nellys Mann trat an die Bar, umarmte sie und sagte: „Es tut mir leid, komm ..." Nellys Niederlage war nicht mehr zu leugnen, wie ein geschlagener Hund schlenderte sie zurück an den Tisch, nahm ihren Rucksack und gab ihrem Mann zu verstehen, dass sie draußen warten würde.

Als sie gerade dabei war, ins Freie zu gehen geschah es: Die Tür des Pubs öffnete sich, und im Gegenlicht der untergehenden Sonne trat ein Mann in den Raum. Er war groß, schätzungsweise Mitte sechzig, trug eine abgerockte Lederjacke, ein Flinserl im Ohr und keine Brille – nein, es war nicht Bono. Der kurze goldene Hoffnungsschimmer verflüchtigte sich so schnell, als würde man ein Sackerl Tee ins Meer halten.

Nelly war am Boden zerstört und spielte kurz mit dem Gedanken, den Wirt mit seinem Gläserputztuch zu erwürgen. „Gemma", befahl ihr Mann. Als dieser soeben „Bitte zahlen" sagen wollte, schraubte sich hinter dem Hünen ein Mann ins Bild, der viel kleiner war und eine farbige Sonnenbrille trug. Nelly war kein religiöser Mensch, aber in diesem Augenblick sah sie Gott. Er war es. Gott Bono. Die Zahlung wurde gestoppt und Nelly samt Begleitung setzen sich blitzschnell wieder an ihren Tisch. Mit offenen Mündern beobachteten die beiden die anderen beiden.

Bono und sein Freund nahmen an dem reservierten Tisch Platz und ließen sich eine Flasche Whiskey kommen. „Schau nicht so auffällig rüber", ermahnte sie ihr Mann, „das merkt er doch." Nelly war wie paralysiert. Da saß er also. Gut, er war älter geworden, hatte aber nichts von seinem Glanz verloren. Wie glücklich sich doch dieser Freund schätzen konnte, dass er mit Bono einen Whiskey trinken durfte.

Ungeduldig wartete sie auf den richtigen Moment, um kurz hinzugehen und um ein Autogramm zu bitten. Aber was, wenn Bono einfach seine Ruhe haben wollte? Vielleicht hatte er seinen Freund schon lange nicht mehr gesehen und sie wollten einfach unbeschwert das Wiedersehen feiern? „Nein, jetzt kannst du nicht stören", dachte sie. Außerdem hatte sie eine panische Angst vor einem Korb, dass sie lieber nichts unternahm und einfach sitzen blieb. Die Geschichte war auch so unfassbar gut. Sie konnte zu Hause erzählen, dass sie am Nebentisch von Bono gesessen war. Wer kann das schon?

Als die halbe Flasche Whiskey geleert war, stand Bonos Freund auf, fragte den Wirt ob er ein Feuerzeug habe, und verließ das Pub. Er geht eine rauchen, war sich Nelly sicher. Das ist meine Chance, ich frage ganz einfach seinen Freund, ob er mir ein Autogramm von Bono besorgen könnte. Nelly weihte ihren Mann in diese Pläne ein und ging ebenfalls vor die Türe. Draußen stand Bonos Freund, bereits fest an der Zigarette ziehend. Nelly steckte sich ebenfalls eine an. Ihre Blicke trafen sich und in ihren Gesichtern fand ein Lächeln Einzug. Nelly nahm allen Mut zusammen und sprach Bonos Freund an.

„Hi!"

„Hi!", erwiderte er freundlich.

Nach kurzem Geplänkel über die schöne Gegend startete Nelly einen Angriff.

„Darf ich Sie was fragen?"

„Na klar", antwortete der Typ, dessen Aussprache sehr amerikanisch klang.

„Wissen Sie, ich bin seit Jahren ein U2- und vor allem ein Bono-Fan, ich mag Musik überhaupt sehr gerne, und ich bin etwas schüchtern und wollte ihn bzw. euch nicht stören, aber wäre es vielleicht möglich ..." Da unterbrach sie der Typ, und vervollständigte den Satz „... ein Autogramm von Bono zu haben?"

Nelly traute ihren Ohren nicht. Dieser Typ schien ihre Gedanken zu lesen. Nelly nickte und bemerkte gar nicht, dass ihre Zigarette schon so weit heruntergebrannt war, dass sie sich ihren Zeigefinger verbrannte. Sie spürte keinen Schmerz.

„Klar, ich frage ihn, er wird dir diesen Wunsch sicher gerne erfüllen." Nelly bedankte sich überschwänglich und umarmte Bonos Freund.

Als sie wieder drinnen waren, machte er sein Versprechen wahr. Er plauderte kurz mit ihm, dann stand Bono auf, ging zu Nellys Tisch, gab ihr eine Autogrammkarte und sagte: „Hier ist dein Autogramm, und das nächste Mal kannst du mich ruhig selber fragen, ich beiße nicht." Nelly musste schlucken und brachte nur ein kaum hörbares „Danke" heraus. Bono lachte und unterschrieb die Karte.

„Schöne Zeit noch in Irland, wir müssen jetzt leider los. Bis zum nächsten Mal." Bono gab Nelly und ihrem Mann die Hand, dann verließ er das Pub. Sein Freund, der offensichtlich den Whiskey bezahlt hatte, kam an Nellys Tisch, lächelte beide herzlich an und sagte: „Na, was habe ich gesagt?" Dann verschwand auch er.

Zehn Minuten war alles ruhig. Nelly starrte auf die Autogrammkarte und konnte noch gar nicht richtig fassen, was da eben passiert war. Bono hat mit mir gesprochen und scheint obendrein noch ein echt netter Kerl zu sein. Sie hielt die Karte wie eine Trophäe, als hätte sie einen Marathon hinter sich, um dieses Relikt zu gewinnen. Dann drehte sich Nelly zu ihrem Mann und küsste ihn so leidenschaftlich wie schon lange nicht mehr.

„Wollen wir gehen?", fragte er.

„Gerne." In ihrem Gesichtsausdruck lag eine große Zufriedenheit. Ihr Mann ging an die Bar, zog seine Geldbörse heraus und gab dem Wirt zu verstehen, dass er bezahlen wollte.

„Nein, alles erledigt", sagte der Wirt „Bruce hat alles bezahlt."

„Welcher Bruce?"

„Springsteen."

Nellys Mann hatte kurz weiche Knie, dann drehte er sich zu seiner Frau. Sie war glücklich. Er würde ihr erst zu Hause erzählen, mit wem sie draußen eine Zigarette geraucht hatte.

OLIVER

Ungefähr zur selben Zeit saß ein Mann in einem Wettcafé und verfluchte das Endergebnis von Wimbledon. Er hatte sein ganzes Geld verspielt, 173 Euro, und es war der Gipfel einer anhaltenden Pechsträhne, die ihn schon die ganze Woche verfolgte. Der Mann trank den Rest seines Cappuccinos, zerknüllte seinen Wettschein und verließ missmutig den etwas unseriös wirkenden Laden.

Draußen beobachtete er eine jüngere Frau, die auf der anderen Straßenseite ihr gelbes Fahrrad unversperrt abstellte. Die Frau ging zu einem in der Nähe gelegenen Drogeriemarkt.

Der Mann aus dem Wettbüro überlegte kurz, dann überquerte er die Straßenseite. Er sah sich um, schnappte das Fahrrad und radelte davon.

Er entfernte sich schleunigst aus der belebten Gegend. Langsam wurden die Häuser kleiner, die Gegend ländlicher. Einfamilienhäuser standen in Reih und Glied.

Vor einem Haus hielt er an und schob das Rad in Richtung einer Doppelhaushälfte. Er betrat einen gepflegten Garten, eine Frau kam ihm entgegen.

Frau:

„Endlich! Er wartet schon."

Mann:

„Ja, jetzt bin ich ja da."

Die Frau wandte sich nach hinten und rief:

„Oliver! Kommst du? Der Papa hat eine Überraschung für dich!"

Der kleine siebenjährige Oliver, mit Sommersprossen und schokoladenverschmiertem Mund, stürmte hastig und voller Vorfreude aus dem Haus. Er sah das Fahrrad und seine Augen begannen zu leuchten. Zugegeben, er war sichtlich zu klein dafür, aber die Freude überwog. Seine Eltern ließen es nicht nehmen für ihn zu singen:

„Happy Birthday to you

Happy Birthday to you

Happy Birthday, lieber Oliver

Happy Birthday to you!"

Danach applaudierten sie. Oliver nahm das Fahrrad stolz entgegen. Sein Papa bückte sich, umarmte seinen Sohn und flüsterte ihm leise ins Ohr:

„Ich weiß, es ist nicht blau, so wie du wolltest, aber Blau hat es leider nicht gegeben."

Oliver war mit der Farbe zufrieden, streckte seine Hände in den Himmel und schrie begeistert:

„Juhu, ich hab' ein eigenes Fahrrad!"

Die Frau nahm den Mann zur Seite. Auch ihr war die Übergröße des Fahrrades nicht entgangen.

Frau:

„Meinst du nicht, dass es ihm ein wenig zu groß ist?"

Mann:

„Nein, der wächst schon hinein."

Dann wandte sie sich zu Oliver:

„Wie sagt man?"

Oliver:

„Danke, Papa!"

Mann:

„Bitte, mein Engel. Und immer absperren!"

Der Mann lächelte und streichelte Oliver zärtlich über den Kopf. Oliver war glücklich.

PETER

Ungefähr zur selben Zeit saß Peter Sindelar, genannt Pedro, in der Kabine des Münchner Olympiastadions und hörte den Worten seines Trainers zu. Er spielte seit einem Jahr bei Real und galt neben Christiano Ronaldo als eines der größten Talente. Alle mochten Pedro, er hatte eine liebenswerte Art und war stets gut gelaunt.

Pedro kam aus der Austria Akademie in Wien und es war sein erstes Champions-League-Finale, das er nun mit seinem aktuellen Club Real Madrid bestreiten würde. Der Gegner war einer der erfolgreichsten Vereine der Welt: Juventus Turin.

Neben David Alaba würde er der erste Österreicher sein, der seit Langem in einem Endspiel der höchsten europäischen Klasse auf dem Feld stand. Zidane, der Trainer, sprach letzte aufbauende Worte, dann wurden die Jungs in die Arena geschickt. Die Stimmung war atemberaubend, er kannte das zwar aus der spanischen Liga, aber ein Endspiel war doch etwas ganz anderes. Als der finnische Schiedsrichter das Match anpfiff, wusste Pedro, dass dies kein Traum war. Mögen die Spiele beginnen! 22 Gladiatoren kämpften unermüdlich um Cäsars Gunst.

3. Minute:

„Es passiert hier ein ruppiges erstes Abtasten. **Modrić** wird bereits von zwei Gegenspielern gelegt, während

Benzema auf der anderen Seite den Ellbogen gegen **Bonucci** hinausstreckt. **Sindelar** indes schon mit zwei Torschüssen."

7. Minute:

„Wer im Vorfeld ein defensives Juventus erwartet hat, der wird soeben eines Besseren belehrt. **Pjanić** kommt zum Abschluss und **Navas** hatte große Probleme, den Ball aus seinem Kasten zu halten. Juve mit dem besseren Start!"

11. Minute:

„Alles im Spiel von Real geht bisher über **Modrić**, der den Ball jedoch nur selten über die Mittellinie der Italiener bringen kann. Beide Mannschaften sind jedoch voll da und spielen finalwürdig. **Sindelar** bietet sich immer wieder an."

15. Minute:

„Real mit der ersten richtig guten Kombination über **Isco**, **Marcelo** und **Modrić**, die jedoch mit einem abmontierten **Carvajal** an der Eckfahne endet. Solche Aktionen braucht es gegen Juve!"

17. Minute:

„Real jetzt deutlich besser im Spiel als in den ersten

Minuten. **Sindelar** verzieht eine Auflage von **Ronaldo**. Ausgeglichener Ballbesitz, Juventus hatte jedoch bislang die besseren Chancen."

20. Minute:

„Der Schiedsrichter muss **Mandžukić** und **Ramos** bereits das erste Mal trennen – das Duell der beiden Hitzköpfe könnte uns noch durch die Partie begleiten."

21. Minute:

„TOOOOOOOOORRRRRRR von **Pedro Sindelar**. Der Österreicher doppelpasst sich mit **Ronaldo** durch die Mitte und zieht an der Strafraumkante ab. Sein Schuss dreht sich für **Buffon** unhaltbar ins untere Eck. Perfekt! **1:0!**"

26. Minute:

„Die Königlichen lassen Juve jetzt kommen und lauern tatsächlich auf Konter-Gelegenheiten. Alle Spieler befinden sich in der Hälfte der Blancos."

31. Minute:

„Unfassbar. **Mandžukić** nimmt sich im königlichen Strafraum einfach ein Herz und versenkt die Kugel per Seitfallzieher im Tor. Da konnte **Navas** nichts mehr machen. **1:1!**"

34. Minute:

„Freistoßmöglichkeit für Juventus aus aussichtsreicher Position: **Dybala** schießt, **Sindelar** kann per Kopf klären."

39. Minute:

„Das könnte bitter enden: **Ramos** sieht nach einem taktischen Foul an **Alves** eine frühe Gelbe Karte und muss sich jetzt in Acht nehmen."

Danach passierte in der ersten Halbzeit nichts Bedeutendes mehr. Pedro Sindelar ließ sich in der Kabine erschöpft auf die Bank fallen. Seine Mannschaft spielte gut, konnte aber noch nicht die richtigen Akzente setzen. Zidane war zufrieden, aber er wusste, da war noch mehr möglich. Er sagte einen einfachen Satz, der sich in Pedros Gehirn festsetzte:

„Wenn wir kein Tor mehr zulassen, sind sie Gemüse!"

Pedro lief zwei Minuten vor Ende der Pause auf den Platz. Es war Erntezeit!

51. Minute:

„**Alves** kurz am Boden, nach einem Zweikampf mit **Marcelo**. Scheint aber weiterzugehen für den Ex-Barça-Mann."

53. Minute:

„Jetzt sieht auch noch **Kroos** die Gelbe Karte nach einem unabsichtlichen Foul an seinem Nationalmannschafts-Kollegen **Khedira**. Das Spiel wird ruppiger."

59. Minute:

„**Sindelar** mit einem satten Abschluss aus 25 Metern – sein Hammer dreht sich zwar etwas nach außen, **Buffon** hält den Ball aber souverän."

60. Minute:

„Real drängt aufs Tor. **Ronaldo** setzt sich in der Mitte durch und versucht es aus guter Position mit dem Weitschuss. Der Ball rutscht ihm aber vom Schuh und geht weit an **Buffons** Kasten vorbei."

62. Minute:

„TOOOOOOOORRRRRRR von **Pedro Sindelar**. Er fasst sich aus 25 Metern ein Herz und ballert auf den Kasten. **Khedira** fälscht seinen Schuss unhaltbar für **Buffon** ins Tor. **2:1!**"

64. Minute:

„TOOOOOOOORRRRRRR von **Christiano Ronaldo**. Doppelschlag für die Königlichen diesmal von **Ronaldo. Modrić** erkämpft sich die Kugel, doppelpasst mit **Carvajal** und legt auf Ronaldo quer. Dieser versenkt eiskalt zum **3:1**. War das die Vorentscheidung?"

67. Minute:

„Erster Wechsel auf Seiten von Juventus Turin: **Cuadrado** kommt für **Barzagli** in die Begegnung – Juve dürfte nun auf eine Viererkette umstellen!"

70. Minute:

„Real weiß, das Spiel ist noch nicht vorbei – dennoch gibt es jetzt taktische Veränderungen. Juve darf sich austoben, die Blancos stehen tief und warten auf einen Konter."

75. Minute:

„Bei Juventus scheint jetzt völlig die Luft draußen zu sein! Die Königlichen kommen immer wieder zu Überzahl-Situationen im gegnerischen Strafraum, scheitern aber an der weiteren Chancenverwertung."

82 Minute:

„Das wär's fast gewesen! **Sindelar** setzt sich auf der Außenbahn ganz stark gegen **Sandro** durch und legt auf **Bale** quer. Der Waliser läuft perfekt ein – **Bonucci** muss aber der Spielverderber sein und grätscht den Ball ab."

87. Minute:

„Gelb/Rote Karte für **Cuadrado** nach einer Tätlichkeit an **Ramos**. Nach einer Grätsche des Kapitäns dürfte er dem Verteidiger auf den Fuß gestiegen sein. Juve jetzt nur mehr zu zehnt. Real dürfte der Titel sicher sein."

91. Minute:

„TOOOOOOOOORRRRRRR von **Pedro Sindelar.** Der Neunjährige trifft in letzter Minute im Champions-League-Finale, nach einer tollen Vorlage von **Marcelo** und markiert damit seinen Hattrick. Dieser Junge ist großartig! Von ihm werden wir noch viel hören!"

Schlusspfiff.

Pedro Sindelar wollte gerade den Siegerpokal in die Höhe stemmen, als sich sich die Tür zu seinem Kinderzimmer öffnete und seine Mutter das Stadion betrat.

„Peter, Essen ist fertig!"

Peter schaltete seine Playstation 4 aus, legte den Controller auf den Boden und folgte seiner Mutter in die Küche. Der neunjährige Champions-League-Gewinner aß seine Berner Wurst und trank einen Apfelsaft gespritzt dazu.

„Magst du noch was?", fragte ihn seine Mutter.

„Nein danke, Mama, ich muss zurück ins Stadion."

Kurze Zeit später verwandelte sich der Controller in ein Mikrofon und Pedro Sindelar gab seine ersten Siegerinterviews. Er war glücklich.

An der Wand hing ein Poster von David Alaba. In seiner rechten Hand hielt er eine Flasche Cola und am oberen Ende des Posters stand in fetten Lettern gedruckt: Gewinne ein Treffen mit David!

QUEENIE

Ungefähr zur selben Zeit erwachte Queenie mit einem fürchterlichen Kater. Eigentlich war es ein ganzer Katzenwandertag. Nach vier Stunden Schlaf schälte sie sich aus dem Bett, ging ins Badezimmer, putzte sich die Zähne und tauchte ihren Kopf in eiskaltes Wasser. Die Frau im Spiegel kam ihr bekannt vor, war seit gestern aber um mindestens fünf Jahre gealtert.

Die Einweihungsparty ihrer neuen Wohnung war ein voller Erfolg gewesen. Hinweise darauf entdeckte sie im Wohnzimmer, in der Küche und am Klo. Nach einer oberflächlichen Reinigung des WCs trank sie bereits den zweiten Liter Wasser. Es erfüllte seinen Zweck nur bedingt, die Lust auf etwas Spritziges machte sich in ihrer Kehle breit. Im Abstellraum fand sie eine angebrochene Flasche Cola light. Es war warm, aber zumindest ein kleiner Brandlöscher. Sie bekam Hunger oder, wie sie es gerne ausdrückte, einen Fressflash. Queenie taumelte an den leeren Bierflaschen vorbei, einige verloren das Gleichgewicht. Die Wohnung war geräumig und sah geputzt sehr freundlich aus. Queenie war Single und ganz zufrieden mit ihrer Situation. Sie hatte einen guten Job in einer Anwaltskanzlei, viele Freundinnen und wenn sie Lust darauf hatte, auch Männer.

Die Uhr über dem Kühlschrank zeigte 7 Uhr 35. Unten in der Gasse hatte der Frühverkehr begonnen. Die Sonne suchte sich einen Weg durch die schräggestellten

Jalousien und schien ihr brutal ins Gesicht. Sie musste was essen. Sofort.

Es gab mehrere Optionen: ein Asiate, eine Pizzabude, ein Schnitzelhaus oder den ultimativen Fressflash Tempel: Burger King. Die Entscheidung war längst gefallen. Zwar gab es bei Burger King kein Zustellservice, aber ein wenig Bewegung würde ihr sicher guttun.

Queenie bestellte sich kein Frühstück, sondern richtigen Stoff. Wie immer nach solchen Nächten zwei Burger. Das eiskalte Cola light war wie ein Serum, das ihr den Kater aus dem Körper saugte. Sie dachte an die drei Sätze, die man bei Burger King niemals aussprechen darf:

- Das ist wirklich ein Geheimtipp!
- Ich möchte gerne den Koch sprechen.
- Würden Sie mir bitte die Weinkarte bringen?

Unverhofft musste sie lachen und zwar so heftig, dass ihr ein halbzerkautes Pommesstück aus dem Mund fiel. Es landete in einer Mischung aus Ketchup und Currysauce und glich einem Unfallopfer. Es war Zeit zu gehen, zumal die anderen Gäste die lachende Frau langsam, aber sicher als Freak einordneten. Das Therapiezentrum für Drogensüchtige war gleich in der Nähe und jemand, der alleine am Tisch sitzt und lacht, machte sich, sagen wir mal, verdächtig.

Jetzt meldete sich auch ihr kleiner Nikotinteufel. Er verlangte nach Futter. Queenie würde damit warten, bis sie wieder in ihrer Wohnung war, und dann „einmal eine probieren".

Sie stellte sich an das gekippte Fenster in ihrer Küche. Unleugbar schmeckte die Zigarette schal. Es war noch zu früh für einen Nikotinschub. Sie musste die Zigarette gar nicht abdämpfen, sie fiel ihr vor Schreck aus der Hand, landete am Fliesenboden und ging aus.

Queenie konnte kaum glauben, was sie im gegenüberliegenden Haus durch eine Fensterscheibe sah. Offenbar war es ein Streit zwischen einem Paar. Ein blonder Mann schrie ununterbrochen auf eine Frau ein. Sein Gesicht war rot, die Adern kamen zum Vorschein. Die Frau schüttelte den Kopf, dann begann er, sie mit beiden Händen wegzustoßen. Sie fiel zu Boden.

Jetzt war nur der Mann zu sehen. Er ging ins Nebenzimmer und damit aus dem Blickfeld von Queenie. Kurz darauf kam die Frau wieder nach oben. Sie fuchtelte wild mit den Armen, offensichtlich in die Richtung, wo der Mann stand. Queenie war sich sicher, dass sie nun zu weinen begann, denn auch ihr Gesicht wurde immer roter. Gemächlich kam der Blonde wieder zurück. Er hatte sich offensichtlich beruhigt.

Das Pärchen stand sich gegenüber und senkte die Köpfe. Der Blonde nahm die Frau in den Arm. Sie ließ es zu. Eng umschlungen standen sie eine Weile im Fenster und Queenie atmete erleichtert auf. Sie hatten sich versöhnt. Doch urplötzlich drehte der Blonde die Frau herum, sodass ihr Rücken zu seinem Gesicht gerichtet war. Er zog einen Draht oder ähnliches aus der Hosentasche und legte der Frau den Gegenstand um den Hals.

Der Todeskampf war kurz. Die ruckartige Bewegung hatte ihr wahrscheinlich das Genick gebrochen. Die Frau fiel ein zweites Mal zu Boden, doch diesmal kam sie nicht mehr zurück. Sie war tot.

Queenie war mit einem Schlag nüchtern. Sie lief ins Schlafzimmer, stolperte über einige leere Barcadi-Flaschen und suchte nach ihrem Handy. Sofort wählte sie den Notruf. In ihrer Panik fiel ihr nur ihre Adresse ein.

„… aber nicht bei mir. Nicht bei mir. Gegenüber. Das Schwein hat sie erwürgt!", schrie sie ins Telefon. Danach rannte sie auf die Toilette. Sie hatte umsonst geputzt.

Am Küchenboden lag eine halbe Zigarette. Queenie hatte bereits die dritte im Mund und starrte wie versteinert auf das gegenüberliegende Fenster. Drei Minuten waren seit ihrem Anruf vergangen und die Polizei müsste jeden Moment da sein. Vielleicht war das Schwein noch in der Wohnung?

Queenie traute ihren Augen nicht. Die Frau hatte überlebt. Sie stand mitten im Zimmer und machte einen gesunden Eindruck. Gerade kam der Blonde erneut auf sie zu. Queenie wollte das Fenster öffnen und schreien, aber sie konnte nicht. Ein jämmerliches Krächzen war alles, was ihre Stimmbänder hergaben. Abermals begann das Schwein zu brüllen, abermals stieß er die Frau weg und abermals ging sie zu Boden.

Danach waren beide wieder aus ihrem Sichtfeld. Hatte Queenie ein Déjà-vu oder war es der Alkohol, der ihre Sinne völlig zerstörte? Es folgte die erneute Umarmung.

„Nein!", grölte sie.

Dann erwürgte der Blonde die Frau ein zweites Mal.

Queenie konnte nicht mehr klar denken. Hätte sie die Frau retten können? Wo verdammt nochmal war die Polizei? Sollte sie ein zweites Mal den Notruf wählen? Aber was sagen? Er hat sie nochmals erwürgt?

Mittlerweile waren es acht Zigaretten. Es kam der Moment, als sie dachte, den Verstand verloren zu haben. Das konnte nicht sein. Sie musste träumen. Gerade als der Blonde dabei war, die Frau ein drittes Mal zu erwürgen, läutete es an Queenies Türe. Die neunte Zigarette landete neben der ersten. Ihr Gesicht war weiß, auf dem T-Shirt hatte sie Reste eines Whoppers.

Queenie sah nicht durch den Spion, sie öffnete einfach. Im Stiegenhaus standen Adele Neuhauser und Harald Krassnitzer.

Wie durch einen schmutzigen Filter vernahm sie die Worte:

„… Tatort gedreht … alles in Ordnung … Aushang im Stiegenhaus … Danke für Ihre Zivilcourage …" Dann klappte sie zusammen.

Als Queenie im Krankenhaus erwachte, blickte sie in eine Runde von Menschen. Krassnitzer, Neuhauser, der Blonde, die Frau und viele andere, die sie nicht kannte.

Die Situation ließ sich schnell aufklären. Bei einem Filmdreh ist es üblich, die Szenen öfter zu wiederholen, da diese aus verschiedenen Kameraeinstellungen gefilmt werden. Das erklärte auch, warum Queenie drei Mal denselben Mord beobachtete.

Sie war erleichtert und konnte über das Missverständnis lachen. Man trank gemeinsam Kaffee in der Kantine. Einige Autogramme und Selfies später wurde Queenie ans Tatort-Set eingeladen, um bei den Dreharbeiten zuzusehen.

Nach circa zwei Wochen lag ein Dankesschreiben der Polizei in Queenies Briefkasten. Ihre Courage, ihr Einsatz, alles wurde in den höchsten Tönen gelobt. Als sie den Brief fertiggelesen hatte, war sie glücklich. Das Tatort-Set besuchte sie nie.

RAMONA

Ungefähr zur selben Zeit richtete Ramona ein kleines Frühstück her. Ihr Mann Thomas saß schon auf der Terrasse und blickte aufs Meer. Der Wind blies kräftig über die Küste und die Wellen peitschten an die Felsen. Die trockene Wärme vermittelte ein mediterranes Lebensgefühl und man konnte die ersten Mopeds aus dem Dorf hören. Ein neuer Tag auf Karpathos schien sich „siga siga – langsam, langsam" mit Leben zu füllen. Sie hatten das kleine alte Haus in Arkasa seit zwei Jahren. Nach dem liebevollen Restaurieren war es der erste Sommer, den sie arbeitsfrei genießen konnten. Sie liebten die Ehrlichkeit dieser Insel, sie hatte nichts Glamouröses, sie war einfach, aber pur.

Der Hauskauf hatte sich schwieriger als gedacht entwickelt, denn die griechische Bürokratie war selbst für amtswegerprobte Österreicher eine Herausforderung. Alles ging sehr langsam, einige Gesetze konnte man nicht begreifen und der Fortschritt eines Anliegens war meistens abhängig von der Laune der zuständigen Beamten. Eine befreundete Anwältin beschaffte einen griechischen Anwalt, mit dem sie gemeinsam in London studiert hatte. Sie meinte, es sei unerlässlich, einen Griechen zu engagieren, der mit den dortigen, teilweise schlitzohrigen Vorgehensweisen vertraut war.

Vassili machte seine Sache gut. Er hatte viele Fälle in Mitteleuropa und plädierte daher – sehr ungriechisch – dafür, alles offiziell zu machen. Das kleine Haus in Arkasa war – auch sehr ungriechisch – mit einer Baugenehmigung gebaut worden, was den Kaufprozess ungemein beschleunigte. Auf griechischen Inseln war es durchaus üblich, Häuser einfach zu bauen, ohne die Behörden darüber zu informieren. Beschwerte sich niemand, war es gut, gab es Beschwerden, einigte man sich auf eine Summe und übergab diese in einem Kuvert. Alles verboten – alles erlaubt, wie man hier gerne sagte.

Ramona kam mit einem vollen Tablett auf die Terrasse. Es gab Eier, Feta, Tsaziki und frisches Brot, das Thomas zuvor beim Bäcker im Dorf besorgt hatte. Nach dem Frühstück beschlossen sie, nach Achata zu fahren, einer kleinen Bucht an der Ostküste. Für sie der schönste Platz der Insel.

Thomas hatte das Gefühl, dass seine Frau in den letzten Tagen etwas verändert war, sie wirkte unkonzentriert und etwas nervös, auch schien sie in der Nacht öfters aufzustehen und einige Zeit weg zu sein. Er verdrängte den Gedanken.

Der kleine Suzuki Swift schlängelte sich schwerfällig die Serpentinen hinunter in Richtung Achata-Bucht. Die beiden Brüder Ioannis und Elias, die Inhaber der Taverne, begrüßten sie freundlich. Man kannte sich schon seit Jahren. Ramona las ein Buch über Katzen, das sie in der Hauptstadt der Insel gekauft hatte. Thomas schlief die meiste Zeit im Schatten. Zwischendurch ließ er sich von einer der chinesischen Strand-Masseurinnen durchkneten.

Als die Sonne langsam hinter dem großen Felsen, der die Bucht umrahmte, verschwand, sprangen die beiden ins Wasser. Sie mochte diese spätnachmittägliche Stimmung, langsam leerte sich der Strand. Das Wasser war warm, lag am Ufer zur Gänze im Schatten und gehörte fast ihnen alleine.

Am Nachhauseweg roch es im Auto nach Sonnenmilch und Wassermelone. Sie stoppten bei Rinas Taverne in Afiartis. Nichtstun machte hungrig. Ramona bestellte sich Makarounes, eine Nudelspezialität auf Karpathos. Sie wurden von Rina handgemacht und gehörten mit Sicherheit zu den besten der Insel. Thomas aß, wie meistens, Rinas Kotopoulo, gegrilltes Hühnchen mit einer geheimen Gewürzmischung, das ebenfalls zu den besten Gerichten von Karpathos zählte. Manolis, der Geschäftsführer und Sohn von Rinas, setzte sich nach dem Essen zu ihnen. Man plauderte über die kommende Saison, über die Krise, die Politik und über das Wetter. Manolis war der festen Überzeugung, dass dieses Jahr mehr Touristen kommen würden, da die Türkei für Touristen unattraktiv geworden sei.

Ramona sah oft auf die Uhr und strahlte eine gewisse Rastlosigkeit aus. Manolis bemerkte das nicht, Thomas schon. Auf der Heimfahrt sprachen sie kaum. Die beiden tranken noch ein letztes Mythos-Bier auf ihrer Terrasse, dann legten sie sich schlafen. Thomas gab vor, eingeschlafen zu sein. Er schnarchte etwas zu gespielt, aber Romana glaubte seinem Schauspiel. Leise schlüpfte sie aus dem Bett. Thomas konnte hören, dass sie den Kühlschrank öffnete und etwas trank, danach ging sie aus dem Haus. Er folgte ihr auf leisen Sohlen in den Garten. Ramona bemerkte offenbar nicht, dass ihr jemand folgte.

Im Garten des Hauses befand sich ein kleiner Geräteschuppen. Ramona öffnete die Tür und drehte den Lichtschalter. Thomas konnte nur mehr ihren Schatten erkennen, da die Eingangstür einen winzigen Spalt offenblieb. Der Lichtstrahl drang ins Freie und beleuchtete den Stamm eines Olivenbaums. Thomas kam aus seinem Versteck heraus und schlich sich an die Wand des Schuppens und presste seinen Rücken dagegen. Deutlich konnte er Ramonas Worte vernehmen. Sie war offensichtlich nicht alleine im Schuppen.

„Hast du auf mich gewartet?", fragte sie. „Tut mir leid, ich konnte nicht früher kommen, ich musste warten, bis er eingeschlafen ist."

Thomas raste vor Eifersucht. Betrügt mich meine Frau im Schuppen? So dreist und so genial, wer käme schon auf die Idee, dass sich die eigene Ehefrau fünf Meter vom eigenen Schlafzimmer entfernt ein Liebesnest geschaffen hatte? Vorsichtig streckte er seinen Kopf, um einen Blick durch den Spalt zu erhaschen. Was er zu sehen bekam, war nicht viel, aber es genügte ihm. Ramona kniete am Boden und ihre Arme machten eindeutige Bewegungen. Langsam glitt sie von oben nach unten. Dabei sagte sie immer wieder:

„Ja, das gefällt dir!"

Thomas wusste nicht, wie er reagieren sollte. Er wollte in den Schuppen stürmen, den Kerl und seine Frau erledigen und anschließend in der Ägäis versenken. Er überlegte es sich anders.

Wie auf Samtpfoten schlich er zurück ins Haus. Morgen würde es ein Donnerwetter geben, das sich gewaschen hatte. Doch zunächst setzte er seinen im Garten gefassten Plan in die Tat um. Er ging in die Küche und urinierte in den Kühlschrank. Er hatte das einmal in einem Film gesehen, und diese Aktion kam ihm sehr männlich vor. Danach legte er sich ins Bett.

Als er aufwachte, saß Ramona im Halbdunkeln auf seiner Bettkante. Thomas erschrak, Ramona wirkte reumütig.

„Du bist mir heute Nacht gefolgt, habe ich recht?", fragte sie ihn.

Schlaftrunken gab er ein knappes Ja als Antwort.

„Und hast du alles gesehen?"

Wieder ein knappes Ja, aber diesmal äußerst bedeutungsschwanger.

„Ich wollte es dir erzählen, aber ich hatte Angst, wie du reagieren würdest", sagte Ramona.

Das war zuviel für Thomas. Er sprang aus dem Bett und wollte soeben zu einer Tirade vom Beschimpfungen ansetzen, als Ramona ihm etwas Kleines, Weiches unter die Nase hielt.

„Können wir ihn behalten und mit nach Österreich nehmen?"

Thomas starrte direkt in die grünen Augen einer Babykatze. Sie sah abgemagert und zerzaust aus. Thomas musterte den kleinen Felltiger, dann legte er sich ohne etwas zu sagen zurück ins Bett. Er hasste Katzen. Sie machten Dreck, waren arrogant und kosteten Geld.

„Ich habe ihn vor drei Tagen im Schuppen gefunden. Sicher ist er der Einzige aus seinem Wurf, der überlebt hat. Ich habe ihn etwas aufgepäppelt, aber er muss dringend zum Arzt. Ich weiß, du magst keine Katzen, aber wir können den Kleinen nicht hierlassen, das wäre sein sicherer Tod."

„Oh ja", raunte Thomas in seinen Polster und drehte Ramona den Rücken zu. Sie setzte den kleinen Kater ins Bett. Er beschnupperte die Decke, dann ging er zu Thomas und begann mit seinen Vorderpfoten in Thomas Haaren zu wühlen. Ein gutes Zeichen, der Kater fühlte sich wohl.

„Nimm das Vieh von meinem Kopf", sagte er erzürnt.

„Geh Schatz, habe doch ein Herz."

„Habe ich eh. Ich spende jedes Jahr 10 Euro für die Erhaltung des Stephansdoms. Das muss reichen."

Als er sich wieder zu Ramona drehte, spürte er etwas Raues, Feuchtes auf seiner Nase. Der Kater hatte begonnen, Thomas' Nase abzulecken.

„Schau, er mag dich", frohlockte Ramona.

Thomas schob den Kater zur Seite. Er richtete sich auf und sagte in einem sehr schulmeisterlichen Ton:

„Morgen ist die Katze weg, oder ich fliege nach Hause."

„Aber ..." Er unterbrach sie sofort.

„Ende der Diskussion. Gute Nacht!"

Thomas verkroch sich wieder unter seiner Decke. Es dauerte keine Minute, da war der Kater schon wieder bei ihm. Er knetete, schnurrte, leckte und urinierte Thomas in den Nacken. Der warme Katzenurin lief Thomas den Hals entlang. So, jetzt würde der Kater mit Sicherheit nicht einmal mehr den morgigen Tag überleben.

Da fiel Thomas der Kühlschrank ein.

Rache kann so wehtun, dachte er. Er richtete sich auf, nahm den Kater in die Arme und sagte freundlich:

„Schatz, was wäre, wenn wir den Kleinen mit nach Österreich nehmen? Hier kann er wirklich nicht bleiben."

„Wie? Meinst du das ernst?", fragte Ramona.

„Natürlich." Mittlerweile hatte er den Urin auch auf der Schulter und suchte sich langsam einen Weg über den Rücken.

„Du machst mich unheimlich glücklich!", sagte Ramona. Dann küsste sie ihn.

Thomas stand auf. Er sagte der Kühlschrank mache seltsame Geräusche. Er solle es doch morgen machen, meinte Ramona.

„Nein, ich bin gleich wieder da."

Am nächsten Tag stand ein neuer Kühlschrank in ihrem kleinen Haus. Der alte hatte den Geist aufgegeben, meinte Thomas, Ramona glaubte ihm die Geschichte. Er bezahlte alle Tierarztrechnungen und der Kater durfte sogar bei ihnen im Bett schlafen. Bis heute. Ja, fast möchte man sagen, sie sind Freunde geworden.

SASCHA

Ungefähr zur selben Zeit wurde Sascha in das Chefbüro zitiert. Er ahnte, dass es nicht um eine Gehaltserhöhung gehen würde. In letzter Zeit hatte er sich einige Ausrutscher geleistet, womöglich war es nun einer zu viel. Die letzte Morgensendung, die er moderiert hatte, gehörte nicht unbedingt zu den Glanzmomenten seiner Radio-Vita.

Die Hörer von Radio „Gelb-Rot" waren vorwiegend ältere Semester und fanden seinen Sager: „Runter von der Mutti – eini in den Schlapfen. Herzlichen willkommen bei der Morgensendung von Radio Gelb-Rot!" doch etwas unpassend. Danach liefen die Telefone heiß, nicht nur wegen seiner derben Aufforderung, sondern hauptsächlich wegen Saschas bleischwerem Zungenschlag. War er doch mit fünf Litern Bier und dreizehn Obstlern abgefüllt. Mit leiser Hoffnung trat Sascha in das Büro von Dr. Messics, vielleicht würde er wieder sagen: „Einmal noch, dann bist du weg." Kopfnickende Zustimmung seinerseits würde folgen, die hundertste letzte Chance. Warum sollte es nicht ein hundertundeintes Mal funktionieren? Verdammter Alkohol! Sascha war ein leidenschaftlicher Trinker, keiner, der zu Hause trank, nur in der Gruppe, dann aber grenzenlos. Er musste der Letzte sein, der ging, die Angst etwas zu versäumen war einfach zu groß. Am nächsten Morgen hasste er sich dafür und erzählte sich die größte Lüge, die sich Alkoholiker in diesem Moment erzählen: Nie mehr wieder!"

Dr. Messics saß mit versteinertem Gesicht hinter seinem Schreibtisch.

„Darf ich mich setzen?", fragte Sascha etwas zu selbstmitleidig.

„Nein!"

Dr. Messics fuhr sich durchs Haar und atmete bedeutungsschwanger aus. Das, was er Sascha nun sagen würde, fiel ihm empfindlich schwerer, als er dachte.

„Sascha hör zu ... es ... es geht nicht mehr. Du bist für unseren Sender einfach nicht mehr tragbar." Stille.

Sascha holte zur Verteidigung aus, wurde aber prompt von Messics gestoppt.

„Und komm mir jetzt nicht mit: Das war das letzte Mal, das habe ich schon so oft von dir gehört und nie hat sich etwas geändert."

Sascha wollte wieder einhaken. Vergeblich.

„Ja, zwei, drei Monate, aber dann bist du wieder in deine alten Muster zurückgefallen. Wenn dich die Leute nicht so gernhätten, wärst du schon früher geflogen, das muss dir klar sein. Und was du dir bei der letzten Morgensendung geleistet hast, das war einfach der Gipfel!

Sascha senkte seinen Kopf.

„Darf ich jetzt auch etwas dazu sagen?"

„Nein, es gibt nichts mehr zu sagen. Wir haben alle lange genug zugesehen, du hast es mit deiner Sauferei übertrieben. Es geht einfach nicht mehr. Verstanden? Du hast zehn Minuten, deinen Schreibtisch zu räumen."

Dr. Messics ließ sich in seinen Bürosessel sinken und starrte an die Decke. Sascha nickte. Er spürte, dass es diesmal keine letzte Chance mehr geben würde. Kurz bevor Sascha das Büro verließ, sagte Dr. Messics in freundschaftlichem Ton: „Sascha, tu was dagegen. Jetzt!" Dann fiel die Tür ins Schloss.

Dr. Messics war bei Weitem nicht der erste, der ihm ins Gewissen redete, seine Alkoholsucht nun endlich zu bekämpfen, auch seine Frau konnte das Lied „Hör bitte auf" auswendig singen. Sascha packte seine Habseligkeiten in einen Karton. Beim Ausräumen seines Schreibtisches fand er eine kleine, halbleere Flasche Jägermeister. Einmal angesetzt und schon Geschichte.

Während Sascha die Treppen hinunter ging, überlegte er, wie er die Kündigung seiner Frau erklären sollte. „Sie verzeiht mir! Es war das letzte Mal. Jetzt tue ich etwas dagegen." Seine Frau spielte doch im Team Sascha. Sie liebte ihn und würde es verstehen. Was er aber nicht wusste war, dass Dr. Messics bereits mit Saschas Frau gesprochen und sie über den Rauswurf ihres Mannes informiert hatte.

Sascha stand auf der Straße und beobachtete die Menschen. Sie wirkten geschäftig, waren in ihren eigenen Biografien unterwegs. Wenn ihr wüsstet, was ich für Sorgen habe. Er überlegte sich abermals eine Ausrede für zu Hause, entschied sich dann aber für den denkbar schlechtesten Weg, den man in so einer Situation nehmen kann. Er entschied sich etwas zu trinken.

„Dann fällt mir mehr ein!"

Sascha zelebrierte den wohlvertrauten Moment, als das sechste Bier seinen Gaumen erreichte und sich in die Tiefen seiner Blutbahn systematisierte. Das Gefühl von Leichtigkeit machte sich in ihm breit und die fraglose Sicherheit, dass er eine Bereicherung für die Menschheit darstellte. Die anderen Besucher auf der Tankstelle sahen das nicht so. Vor ihnen monologisierte ein selbstmitleidiger Egoist, der das Bedürfnis hatte allen zu erzählen, was für ein Darmausgang sein Chef doch sei. Nach dem sechsten Bier lichteten sich die Zuschauerränge. Die Show steuerte dem Ende zu. Sascha kaufte sich noch ein Dosenbier für die Heimfahrt und stieg in seinen Alfa Giulietta.

„Alkohol macht süchtig, macht mich krank.

Der Priester sagt mir ‚Bück dich, stell dir vor wir sind am Strand'

Gib mir alles, Baby, alles was du hast",

dröhnte es aus den Boxen seines Wagens. Er liebte Wanda, zumal Radio Gelb-Rot nur Schlager spielte. In diesem Alfa saß ein 15-jähriger Junge, der nie erwachsen werden wollte. Mit einem heftigen Zischen wurde der Aluverschluss der Bierdose nach unten gedrückt. Der finalen Verbindung aus Wasser, Hopfen und Malz war die Goldmedaille nicht mehr zu nehmen. Jahreshauptfetzen mit anschließender Siegerehrung. Doch schon nach den Zeilen

„Weißwein oder Zunge blau" und „Munter oder ausgelaugt" parkte sein Alfa am Straßenrand und ein Mann mit Kappe sagte:

„Führerschein und Zulassung bitte!"

Sascha wollte witzig sein. Der nächste schwere Fauxpas.

„Ich zeig' dir schon meinen Führerschein, aber nur, wenn du mein Bier hältst."

Er bekam ihn nicht mehr zurück.

Das Taxi fuhr eine Schotterstraße entlang. Von Weitem konnte man ein von Thujen umzingeltes Fertigteilhaus erkennen. Es brannte noch Licht.

„Da passt's", lallte Sascha dem Taxifahrer von hinten ins Ohr. Er gab überdurchschnittlich viel Trinkgeld und wankte zur Eingangstür. Davor standen drei Koffer. Bei genauerem Hinsehen erkannte er, dass er ähnliche Koffer sein Eigen nannte. Sascha öffnete einen der Koffer.

„Der Zufall treibt oft kühne Spiele. Ich habe genau das gleiche Hemd." Er konnte es sich nicht mehr schönreden. Tripple geschafft.

Noch dazu hatte Saschas Frau wohl die Schlösser ausgewechselt. Seine ambitionierten Versuche, die Eingangstür zu öffnen, kamen nicht über einen Amateurstatus hinaus.

Auch das Sturmläuten mitsamt den äthanolgeschwängerten „Es tut mir so leid"-Rufen wurden von den Thujen verschluckt.

„Kein Haus am Land für mich, ohje.

Ich weiß genau, dass du verstehst.

Kein Haus am Land für mich, ohje.

Ich will zum Himmel fahr'n
so schnell und bequem wie es geht."

In Saschas Fall war es die Pestalozzi-Brücke. Sehr beliebt bei Selbstmördern. Er kletterte über das Geländer und konnte das kalte Wasser riechen. Sascha schloss die Augen.

Urplötzlich bekam er von der Seite einen Stoß und fiel, aber nicht ins Wasser, sondern beinahe aus seinem Bett. Seine Frau lag neben ihm und sagte, dass es langsam Zeit wäre aufzustehen, schließlich moderiere er heute die Morgensendung.

Sascha schälte sich verdutzt aus dem Bett. Er griff nach seiner Hose, die über einem Sessel hing. In der Hintertasche fand er seine Geldbörse und darin seinen Führerschein. Hellwach sprang er ins Bett. Mit beispielloser Leidenschaft und verehrender Hingabe verführte er seine Frau an diesem Frühmorgen. Er war nüchtern wie nie zuvor.

Die Morgensendung lief gut und Dr. Messics klopfte ihm im Vorbeigehen auf die Schulter. Am Schreibtisch sitzend öffnete er eine der Schubladen. Er wusste genau, wonach er suchte. Sascha leerte den Inhalt der halbvollen Jägermeisterflasche in die Toilette. Die dunkle Flüssigkeit wurde strudelartig in die Tiefe gerissen und mit ihr ein Teil von Saschas Leben. Kurz darauf läutete im Suchtzentrum für Anonyme Alkoholiker das Telefon.

TANJA

Ungefähr zur selben Zeit lag Tanja in einem Hotelbett in Salzburg und wartete auf ihren Besucher. Sie trug ein rosa Negligé und hautfarbene halterlose Strümpfe. Ihre Kleidung, mit der sie gekommen war, hing teilnahmslos über einem der beiden Stühle. Allmählich hatte Tanja dieses Versteckspiel satt. Sie konnte einfach nicht verstehen, warum David nicht endlich einen Schlussstrich unter seine Ehe ziehen konnte. Immerhin kannten die beiden sich nun seit zwei Jahren. Oftmals dachte sie über ein Ultimatum nach.

„Wenn du es ihr nicht am Wochenende sagst, bin ich weg, oder noch schlimmer, ich sag es deiner Frau."

Natürlich wusste Tanja nicht, wo Davids Frau wohnte, aber alleine diese Drohung würde bei ihm Entsetzen auslösen. Sie trafen sich immer in Salzburg. David hielt es für die beste Idee, er selbst war aus Freistadt und beruflich viel unterwegs. Salzburg gehörte nicht zu seiner Geschäftsroute und somit war die Gefahr, erkannt zu werden, eine geringe. Die Vorhänge waren zugezogen, das Fenster gekippt und von draußen strömte der Lärm des Salzburger Montagsverkehrs durch das Zimmer der Zweigleisigkeit.

„Er wird sich nie trennen, dafür ist er doch viel zu bequem." Ein tragischer Angsthase mit fanatischem Enthusiasmus, garniert mit lüsterner Hingabe und dem Hang zur Ekstase. David war ein leidenschaftlicher Liebhaber, der Tanjas gieriges Verlangen mit paradiesischer Hingabe zu stillen wusste. Sie liebte ihn und er auch sie, das wusste sie.

Ihre wunde Seele flüsterte ihr immer wieder zu, dass sie immer nur die zweite Geige sein würde. „Nie wird er dir ganz alleine gehören. Denk daran, wenn er von dir weggeht, ist er wieder bei ihr. Sei doch nicht so naiv zu glauben, er mache mit ihr nicht dasselbe wie mit dir. Du bist ein angenehmer Zeitvertreib, dir geht es schlecht und er ist der Beweis dafür.

Denk daran, wie sie gemeinsame Urlaube planen, wie sie gemeinsam Erdbeereis löffeln und sich vor dem Schlafgehen innig küssen. Sie darf an seiner Schulter liegen, die ganze Nacht, du bekommst sie einmal in der Woche für maximal eine Stunde. Portioniertes Leben in einem schäbigen Hotelzimmer und, als flankierende Maßnahme, in der hässlichsten Gegend, die diese wunderschöne Stadt zu bieten hat. Nein, Tanja, wenn er wirklich etwas Gutes will, muss er damit rechnen sich Feinde zu machen. Es geht nicht darum, was er mit dir tut, es geht primär darum, was er eben nicht tut. Echte Liebe schert sich einen Dreck um die Konsequenzen, sie ist die Konsequenz."

Tanja wurde binnen kurzer Zeit sehr wütend. Sie sprang aus dem Bett, stellte sich ans Fenster und beobachtete den Montagsverkehr. Es war wie üblich Stau. Sie fühlte sich wie die Autos auf der Straße, frei, aber doch gefangen. Heute würde sie David sagen, dass es nicht mehr ginge.

„Entweder sie oder ich!" Ihre Entschlossenheit erreichte eine nahezu diktatorische Struktur. Sie zementierte sich die Sätze in ihren Kopf und legte sich wieder aufs Bett. Als David das Hotelzimmer betrat, wollte ihm Tanja, die fest in Beton gegossenen Steine auf seinen wunderbaren Körper werfen, um ihm damit eine tiefe Wunde in sein Herz zu schlagen.

„Wer frei von Sünde ist, der werfe den ersten Stein", fiel ihr ein und so entschied sie sich für die Sünde.

Nach elf Minuten der Begierde lagen sie verschwitzt nebeneinander im Bett. David hatte eine Zigarette im Mund. Tanja zog sich den zweiten Strumpf aus und warf ihn lustlos aus dem Bett. Es war das erste Mal, dass sie David einen Orgasmus vorgespielt hatte. Seiner war echt. Nachdem er seine Zigarette in einem Zahnputzbecher ertränkt hatte, drehte er sich zu Tanja und wollte sie küssen. Sie wehrte ab.

„Was ist los?", fragte er.

„Hör zu David. Ich kann das nicht mehr."

„Wieso nicht? Ich liebe dich, das weißt du doch."

„Dann zeig es mir endlich!" Tanja stieg aus dem Bett, um sich das Negligé abzustreifen.

„Wir sind zusammen, weil wir stark genug sind, um zu leiden. Ich leide genauso wie du …"

„Hör auf!", schrie Tanja. „Ich kann diese ganze Scheiße nicht mehr hören. Entweder du trennst dich von der Frau … oder …"

„Oder was?", warf David ein. Tanja überlegte kurz, für welche Variante sie sich entscheiden sollte. Trennen oder es seiner Frau sagen? Sie nahm erstere.

„… oder es ist aus, und zwar für immer." Sie griff zum teilnahmslosen Gewand am Stuhl.

„Das geht nicht so leicht, das weißt du. Wir müssen auf die richtige Gelegenheit warten", verteidigte sich David.

„Wenn wir auf die richtige Gelegenheit warten müssen, dann haben wir sie schon verpasst!" Wütend verließ Tanja das Hotel.

Fünf Minuten später erreichte eine SMS Davids Handy.

Tanja:

Ich gebe dir eine Woche Zeit zum Überlegen!!!!

Tanja wartete die ganze Woche auf ein Lebenszeichen von David. Nichts. Am Samstag stieg sie in den Zug nach Bludenz. Ricky, eine alte Schulfreundin hatte in Bludenz ihre große Liebe gefunden, und Tanja war sich sicher, dass eine Hochzeitsfeier in Verbindung mit Alkohol eine gute Ablenkung sein könne.

Die standesamtliche Trauung verlief prächtig und die Hochzeitsgesellschaft brach gemeinsam auf, um die Ehe auch vor Gott zu bestätigen. Bei der Kirche angekommen wartete die Gemeinschaft bei einem Glas Sekt. Ricky nahm Tanja an der Hand und zog sie ins Seitenschiff der Kirche.

„Darf ich dir unseren Herrn Pfarrer vorstellen?", sagte Ricky voller Begeisterung.

Tanja drehte sich um und blickte in die Augen von David. Er trug liturgisches Gewand und sah wie richtiger

Geistlicher aus. David reichte Tanja die Hand und sagte: „Grüß Gott, mein Name ist Thomas."

„Genau wie der Ungläubige", scherzte Ricky.

„Wie heißen sie?" Tanja wurde heiß und warm zu gleich. Träume ich? Mit piepsender Stimme hauchte sie „Tanja" in Davids Richtung.

„Freut mich, Sie kennenzulernen, Tanja. Ich wünsche Ihnen eine schöne Hochzeit."

Dann entfernte er sich.

„Ist er nicht süß?", sagte Ricky, „Schade, dass er Pfarrer ist." Tanja stand einfach nur da und sah David so lange nach, bis er in der Kirche verschwunden war.

„Was ist? Alles in Ordnung?"

„Ja, alles super. Kann ich noch einen Sekt haben? Oder zwei?", fragte Tanja.

„Klar. Aber mach schnell, es geht gleich los."

Die Zeremonie war professionell choreografiert und David machte seine Sache aus Tanjas Sicht leider sehr gut. Bei der Passage mit der Treue und man solle seinen Partner nicht belügen musste Tanja fast lachen. Rickys Bruder, ihr Trauzeuge, drehte sich immer wieder nach ihr um. Sie gefiel ihm. Nachdem alles vorbei war und die Gäste dem Brautpaar am Altar gratulierten, ging Tanja nach hinten in die Sakristei in der Hoffnung, auf David zu treffen.

„Ich will ihm noch schnell persönlich gratulieren für die berührenden Worte", sagte sie zu Ricky.

David stand mit dem Rücken zu ihr und nahm gerade die Stola ab. Er drehte sich zu Tanja, es brauchte keine Worte. Sie küssten sich mit leidenschaftlicher Hingabe. Anschließend gab Tanja David eine Ohrfeige.

„Ich weiß, dass du wütend bist. Nun kennst du mein Geheimnis. Mein Lebenspartner ist Gott."

„Naja, der geht aber auch ganz schön viel fremd." Diese spitze Bemerkung prallte an David ab, wie ein Dartpfeil der auf den Metallring trifft.

„Soll das witzig sein?", fragte er rhetorisch.

„Warum hast du mir nichts davon erzählt?"

„Ich konnte nicht, mein Gewissen hat es mir verboten. Aber es war doch schön!"

„Zwei Jahre meines Lebens waren eine nach Weihrauch stinkende Lüge." Tanja kehrte David den Rücken zu.

„Bitte lass uns in Ruhe darüber reden, aber nicht heute. Wir sind doch Christen."

„Der einzige Christ, den ich kenne, ist am Kreuz gestorben." Tanja wollte gehen, blieb aber im Türrahmen der Sakristei stehen und drehte sich noch einmal zu David um.

„Es tut mir leid, dein Partner ist für mich leider eine unüberwindbare Konkurrenz. Das, was du heute Abend sehen wirst, wird dem David nicht gefallen, der wird stark sein müssen. Dem Thomas wird's egal sein." Sie schritt durch die Tür.

Auf der Feier blieben Davids Blicke auf Tanja kleben. Sie war auf der Tanzfläche und ließ sich von Rickys Bruder wild herumwirbeln. Die beiden wirkten so, als hätten sie viel Spaß. David biss sich auf die Lippen, bis er Blut im Mund schmeckte. Es war nur eine Frage der Zeit, dachte er. Als Tanja den Bruder von Ricky auf der Tanzfläche zu küssen begann, musste David den Abend beenden. Es tat einfach zu weh. Er verabschiedete sich vom Brautpaar und verschwand in der Menge der ausgelassenen Gäste. Vor der Kirche stoppte er seinen Wagen. Er betrat das Gotteshaus, setzte sich in die letzte Reihe und begann zu beten. Währenddessen feierte Tanja bis in die Morgenstunden.

Am Montag fuhr sie um 7 Uhr 30 in die Arbeit. Als sie auf ihr Handy sah, entdeckte sie über dem Whatsapp-Logo eine rote Eins. Sie hatte eine Nachricht, die schon um 4 Uhr 23 Uhr gesendet worden war.

David:

Ich habe mit meinem Partner gesprochen.

Tanja war glücklich.

ULRIKE

Ungefähr zur selben Zeit verkaufte Ulrike an ihrem Imbissstand am See einem kleinen Mädchen zwei Gummikirschen, fünf Gummischlümpfe und drei saure Apfelringe. Der heutige Tag sollte noch eine große Überraschung bringen, aber das wusste sie zu diesem Zeitpunkt noch nicht. Der Grundstein dafür wurde drei Meter vor einem Tiroler Gemeindeamt gelegt. Den folgenden Dialog hat Ulrike nie gehört.

Nervös standen ein Tiroler Bürgermeister und seine Sekretärin vor dem Gemeindeamt. Die Sekretärin hielt einen Geschenkkorb in den Händen, der Bürgermeister einen Blumenstrauß. Sie warteten auf jemanden.

Sekretärin:

(Sie deutete auf den Korb)

„Erich, bist du dir sicher, dass wir das Richtige haben?"

Bürgermeister:

„Ganz sicher, bei dem Russen ist das auch gut angekommen. Sag mir noch einmal den Namen, wenn der kommt, muss ich Smalltalk führen …"

Sekretärin:

„Ahmed bin Said Al Maktum."

Bürgermeister:

„Das merke ich mir nie!"

Sekretärin:

„Dann sag einfach „Königliche Hoheit" oder „Mein König".

Bürgermeister:
„Mein König ist er ja nicht."

Sekretärin:
„Warum bist du denn so nervös?"

Bürgermeister:

„Der muss sich wohlfühlen hier bei uns, sonst kauft er den See nie."

Sekretärin:

(deutete auf den leeren Gemeindeplatz)

„Wär's dann nicht besser gewesen, es wären alle da?"

Bürgermeister:

„Nein. Ich habe als Bürgermeister so entschieden. Vorerst soll der Gemeinderat nichts davon wissen. Ich weiß gar nicht, wofür ich diese Blockierer von der Opposition brauche. Ich finde, wir sind Demokraten genug."

Sekretärin:

„Irgendwie tut's mir schon leid."

Bürgermeister:

„Ah, das ist gleich vergessen, in drei Monaten redet keiner mehr über die Lacken und außerdem ist der See viel zu kalt."

Sekretärin:

„Und was machst mit den Demonstranten?"

Bürgermeister:

„Das ist nur eine Minderheit, und die vergessen, dass es der Mehrheit komplett wurscht ist, was gebaut wird."

Sekretärin:

„Der Kirchbichler wird sicher dagegen protestieren."

Bürgermeister:

„Der ist sowieso gegen alles. Gott sei Dank leben wir in einer Demokratie, da kann jeder reden, was er will, und jeder hat das Recht, nicht zuzuhören."

(Der Bürgermeister machte eine Pause.)

„Schau, du musst das wirtschaftlich sehen: Wer geht dort noch baden? Die Alten! Die sterben aber langsam weg und es kommt nix mehr nach. Und wohin gehen die Jungen? Nicht an den See, die haben anderes im Kopf. Deshalb: See zuschütten, Einkaufscenter bauen und Arbeitsplätze schaffen und wenn der Achmet Salami alles zahlt, sind wir aus dem Schneider und es siedeln sich wieder junge Familien hier an, die dort einkaufen und die Wirtschaft ankurbeln."

Sekretärin:

„Glaubst du das wirklich?"

Bürgermeister:

„Rein wirtschaftlich wirft ein Einkaufscenter mehr ab als ein See. Und die Lage ist ein Traum, alles rundherum Natur, das mögen die Araber, weil sie selber nur Wüste haben."

Sekretärin:

„Aber die Achammer Ulrike wird schon traurig sein, dass sie den Imbiss verliert. Die hat die Hütte am See seit 25 Jahren."

Bürgermeister:

„Dann soll die Ulli im Center in der Tiefgarage arbeiten, da sitzt sie auch den ganzen Tag in einer Hütte."

Im Hintergrund hörte man das leise Geräusch eines heranfahrenden Autos. Kurz darauf parkte ein schwarzer Bentley vor dem Gemeindeamt. Ein Mann in schwarzem Anzug öffnete die Hintertür und ein Scheich stieg aus. Der Mann in Schwarz fungierte als Übersetzter.

Der Bürgermeister trat an die beiden heran und überreichte dem Scheich die Blumen.

Bürgermeister:

„Grüß Gott und herzlich willkommen!"

Nachdem der Mann in Schwarz die Worte „Grüß Gott" übersetzte, verlor der Scheich etwas an Freundlichkeit.

Bürgermeister:

„Wir haben keine Kosten und Mühen gescheut, um Ihnen, mein König, den Aufenthalt so schön wie möglich zu machen. Der See ist praktisch schon so trocken wie die Wüste."

Diesen Witz fand nur der Bürgermeister lustig.

Bürgermeister:

„Wir haben uns erlaubt, Ihnen als kleines Willkommensgeschenk und als Zeichen unserer Anerkennung diesen Korb zu überreichen."

(zu seiner Sekretärin)

„Gib's ihm."

Die Sekretärin tat, was ihr aufgetragen wurde. Der Scheich musterte den Inhalt und zog eine Flasche Schnaps und ein großes Stück Speck hervor.

Bürgermeister:

„Hier haben Sie feinsten Tiroler Bergspeck und dazu den besten Kräuterschnaps aus der Gegend, falls der Speck zu schwer im Magen liegt."

Wieder lachte nur der Bürgermeister. Nachdem der Scheich die Übersetzung zu Ende gehört hatte, begann er wild zu schimpfen, gab dem Bürgermeister den Korb zurück und stieg wütend ins Auto.

Bürgermeister:

(zum Übersetzer)

„Was hat er gesagt?"

Übersetzer:

„Sie hören von uns. Danke für die Blumen."

Der Bentley brauste davon. Der Scheich meldete sich nie mehr.

Bürgermeister:

„Die Blumen sind gut angekommen, aber ansonsten sind die Araber schon sehr unfreundlich, meinst nicht?"

Sekretärin:

„Erich, du weißt aber schon, dass diese Scheichs Moslems sind, oder?"

Bürgermeister:

„Ja, und?"

Sekretärin:

„Die essen kein Schweinefleisch und trinken keinen Alkohol."

Bürgermeister:

„Und warum sagt mir das keiner?"

Sekretärin:

„Ich wollte eh, aber …"

Bürgermeister:

„Das ist dein Problem, du willst immer nur …"

(Kurze Nachdenkpause)

„Was machen wir jetzt?"

Sekretärin:

„Wir fahren zur Achammer Ulrike an den See und schenken ihr den Korb."

Bürgermeister:

„Ja, genau. Das ist eine super Idee! Dann feiern wir gleich das 25-jährige Jubiläum vom Imbiss."

Sekretärin:

(sie ging in Richtung Gemeindeamt)

„Ich hol' die Autoschlüssel."

Bürgermeister:

„Nimm die Badesachen mit und ruf einen Fotografen an."

Exakt 17 Minuten später hielt Ulrike einen Geschenkkorb in ihrer linken Hand. Mit der rechten schüttelte sie dem Bürgermeister die Hand, ein Fotograf knipste. Der Bürgermeister lobte überschwänglich ihren unermüdlichen Einsatz für die Ortsbevölkerung, sie sei außerdem eine wichtige Stütze für den lokalen Tourismus. Es brauche Menschen wie Ulrike. Sie war sichtlich glücklich und gerührt ob seiner Worte, denn es war schon viele Jahre her, dass ihre Arbeit von offizieller Stelle honoriert wurde.

Im nächsten Monat sollte das Foto in der Gemeindezeitung auf Seite vier erscheinen. Der Artikel trug die Überschrift: „Unsere Ulli – nicht kaputtzukriegen!"

15 Meter von Ullis Imbiss entfernt biss ein pakistanischer Junge in einen sauren Gummipfirsich. Er schmeckte nach Sommer und Kindheit.

VALENTIN

Ungefähr zur selben Zeit ging Valentin auf die Knie. Er faltete seine Hände und flehte seine Freundin an, ihm doch, nur einziges Mal, diesen Gefallen zu tun.

„Wie konnte dir das passieren?", fragte sie.

„Es tut mir leid! Wir waren in Mauerbach am See und Harald hatte etwas dabei. Wir haben geplaudert, bis die Sonne aufging. Es war so ein herrlicher Moment, als die Sonne anfing, sich im Wasser zu spiegeln und dann … Weißt du, es war wirklich schön, und auch das erste Mal seit ewig. Er hat mir's nicht aufgedrängt, ich habe ganz alleine entschieden. ‚Auf deine Verantwortung', hat Harald gesagt. Also, er ist unschuldig."

„Wieso hatte er überhaupt etwas mit, ich dachte er ist dein Freund?"

„Ist er auch, aber ich kann es ihm nicht verbieten", sagte Valentin.

„Kann man das so lange nachweisen?", fragte seine unwissende Freundin.

„Ja, leider sieben Tage. Die werden das entdecken. Damit verstoße ich gegen meine Bewährungsauflagen. Bitte – ich will nicht mehr ins Gefängnis!" Valentin kämpfte mit den Tränen. Es war ihm wirklich ernst und seine Freundin erkannte, wie sehr ihm dieser Fehler leidtat.

Sie hatte Valentin kennengelernt, als er noch im großen Stil Marihuana verkaufte. Er hatte eigene Felder und war damals einer der größten Lieferanten in ganz Niederösterreich. Das Tullnerfeld erschien ihm damals als eine geeignete Gegend, weil man dort kein großes Aufsehen erregte. Die Bauern interessierten sich nicht für seine Felder. Wenn die verglichen hätten, was man für ein Kilo Äpfel bekommt und was für ein Kilo Marihuana, sie wären sicher Geschäftspartner geworden. Mit Äpfeln lässt sich nur mehr Geld verdienen, wenn man sie anbeißt und auf einen Computer klebt. Valentins Geschäfte gingen gut.

Allein ein unglücklicher Zufall ließ sein Hasch-Imperium in Rauch aufgehen. Denn er machte auch Cookies und diese landeten versehentlich auf dem Feuerwehrfest in Laxenburg. Anfangs fanden es alle witzig und die Bewohner der Gemeinde hatten sich lieb wie nie zuvor. Aber als sich der Feuerwehrkommandant nackt auf die Bühne stellte und einem Musiker die Trompete entriss, um seine Interpretation von Luis Armstrongs Klassiker „Wonderful World" zu spielen, wurden einige Besucher misstrauisch.

Bei der Gerichtsverhandlung fielen Valentins Geschäftspartner um wie die Steine am Domino Day. Sie verpfiffen einander und so wurde der Boss des Tullner Kartells schnell ausfindig gemacht. Valentin verbrachte einige Zeit im Gefängnis. Seine Freundin hielt die ganze Zeit loyal zu ihm. Bis vorgestern hatte er nie mehr wieder einen Joint angerührt. Nach seiner Entlassung fanden seine Freundin und er in der Rinderzucht ihre Erfüllung. Alles legal. Nichtsdestotrotz musste er jede Woche bei seinem Bewährungshelfer antanzen, um in einen Plastikbecher zu pinkeln.

„Bitte", bettelte er seine Freundin an. Sie wollte Valentin nicht noch einmal fallen sehen, im Gegenteil, sie wollte ihn stützen, damit es nicht wieder passierte.

Seine Freundin ahnte, dass die Wahrheit immer siegt und man nur für die Lüge einen Komplizen brauchte, aber sie wollte sein Kissen sein, das die Schläge des Lebens, auch wenn sie selbst verschuldet waren, etwas abdämpfte.

„Na gut, aber nur das eine Mal!" Valentin bedankte sich stürmisch, er strahlte dabei übers ganze Gesicht wie ein kleiner Bub, der zum ersten Mal auf einem Traktor sitzt.

Ein paar Tage später saß Valentin im Warteraum seines Bewährungshelfers und kaute nervös an seinen Fingernägeln.

„Hoffentlich geht es gut", dachte er. Nur selten wurde er nach dem Test ins Büro zitiert, meistens bekam er einen Anruf, dass alles sauber war. Valentin wurde aufgerufen und ging mit zittrigen Beinen in das schmucklose Büro seines Bewährungshelfers.

„Setz dich", sagte dieser. Der Bewährungshelfer überflog noch einmal den Zettel in seiner Hand, auf dem das Ergebnis stand. Die Spannung war kaum auszuhalten. Valentins Gegenüber legte den Zettel auf den Schreibtisch, beugte sich vor und sagte: „Also, Valentin. Wie soll ich es am besten sagen? Gratuliere!"

„Alles sauber?", fragte Valentin nach.

„Mhmm, das meine ich nicht."

„Was dann?" Valentin wurde unsicher.

„Du bist schwanger!"

Valentin traute seinen Ohren nicht. Wie eng doch Freud' und Leid beisammen lagen. Einerseits wusste er, dass er nun mit Konsequenzen zu rechnen hatte, andererseits wünschte er sich nichts sehnlicher als ein Kind. Er stand auf, umarmte den Bewährungshelfer und die Freudentränen schossen ihm in die Augen.

„Ist schon gut", sagte der Bewährungshelfer und gab Valentin zu verstehen, er möge sich wieder setzen. „Also entweder bist du das größte Wunder der Evolution oder wir haben ein Problem."

Valentins Freude war nicht mehr zu bändigen. Es war im völlig egal, was nun mit ihm passieren würde. Er wurde Papa! Das war das Wunder.

„Ist der Urin von deiner Freundin?", fragte der Bewährungshelfer.

Valentin nickte. „Sie hat aber damit wirklich nichts zu tun. Es war meine Idee. Ich habe vorgestern was geraucht."

Der Bewährungshelfer sah ihm lange ins Gesicht. Er spürte die unendliche Glückseligkeit in Valentins Augen.

„Das war dein erster Rückfall, oder?"

Valentin nickte.

„Und du hast nur geraucht, keine Ambitionen wieder ins Geschäft einzusteigen?"

Valentin schüttelte den Kopf.

Der Bewährungshelfer sah auf das Foto auf seinem Schreibtisch, das seine Familie zeigte. Sein Sohn hatte den Arm um seine Schultern gelegt, seine Tochter küsste ihn auf die Wange.

„Also, Valentin, wenn du jetzt eine Urinprobe machst und somit alles zugibst, sorge ich dafür, dass deine Freundin aus dieser Sache rausgehalten wird."

Valentin stimmte nickend zu, setzte ein breites Lächeln voller Dankbarkeit auf und griff nach einem der Urinbecher in der Vitrine neben dem Schreibtisch.

„Du weißt gar nicht, wie glücklich du mich machst", sagte Valentin. Kurz bevor er durch die Tür ging, stoppte ihn der Bewährungshelfer mit den Worten: „Spätestens zur Geburt bist du wieder draußen. Papa."

WALTER

Ungefähr zur selben Zeit wurde Walter von so starkem Durchfall geplagt wie schon lange nicht mehr. Er stand in der Küche seiner Dachgeschosswohnung und goss sich eine neue Tasse Magentee auf. In der Küche hingen einige Fotos, die Walter in Boxerkleidung zeigten, einige Einladungen zu Kämpfen und etliche Fotos mit diversen Prominenten.

In zwei Wochen würde sein Abschiedskampf sein, dann würde der „Hammer" seine Handschuhe endgültig an den Nagel hängen. Walter bekam es mit dem „Sultan" zu tun, einem jungen Türken, der momentan alles k.o. schlug, was in den Ring stieg. Walter kam zur Erkenntnis, dass er keine Chance haben würde, und obwohl es sich um einen Freundschaftskampf handelte, verspürte er Unbehagen. Er wusste genau, dass der „Sultan" ihn nicht gewinnen lassen würde, dafür war der Türke viel zu motiviert, zumal er es war, der Walter seinen letzten Titel abgenommen hatte. Das war vor zwei Jahren gewesen, seitdem waren die beiden nicht mehr aufeinandergetroffen.

Walter erinnerte sich genau an jenen Moment, als die Rechte des „Sultans" mitten auf seiner Nase gelandet war, und er augenblicklich bemerkt hatte, dass sein Zinken gebrochen war. Er war kurz im Ring umhergetaumelt, hatte lediglich die Umrisse des Türken wahrgenommen und war wie ein nasser Sack zu Boden gegangen. Das Zählen des Ringrichters war ihm wie eine

Ewigkeit vorgekommen. Einzig die Zehn hatte sich in einen Gehörgang gebohrt, um dort auf das beleidigte Trommelfell zu stoßen. Die Jubelschreie des „Sultans" hatten für ihn wie die Gesänge burgenländischer Klageweiber geklungen, dann war ihm schwarz vor Augen geworden.

Walter trank einen kräftigen Schluck Tee. Sein Magen machte Geräusche, als hätte er einen Whirlpool im Dickdarm. Walter war bereit für Runde fünf. Noch bevor der Gong ertönte, saß er auf der Muschel. Sein Magen verkrampfte sich, als hätte er einen harten Schlag in die Magengrube bekommen. Walter krümmte sich vor Schmerzen und der enge Raum verwandelte sich in eine finnische Sauna. Die Schweißperlen strömten über sein Gesicht, als würde es Tränen regnen. 12 Minuten saß er einfach nur da und bewegte sich kaum. „Da kommt noch was", dachte er, als es plötzlich an seiner Tür läutete.

„Wer kann denn das sein?" Walter war sich seiner misslichen Lage bewusst, er saß in der Falle, zu groß war die Angst aufzustehen.

„Wahrscheinlich sind es die Arbeiter, die gerade das Stiegenhaus sanieren, die läuten öfter, wenn Sie nicht reinkommen", beruhigte er sich. Es läutete abermals.

Walter wollte schon ein zorniges „Geht's scheißen" nach draußen brüllen, fand es aber angesichts seiner Situation doch etwas unpassend. Als es zum dritten Mal läutete, beschloss er, das Klingen zu ignorieren.

„Ich habe wirklich andere Sorgen." Walter rechnete fix mit einem vierten Läuten, aber es blieb aus. Ein Nachbar hatte wohl geöffnet.

Nach etwa drei Minuten musste Walter seine Anstrengungen unterbrechen, da er ein seltsames Geräusch hörte. Es kam von der Eingangstür und er konnte es durch die Klotüre hören, da sich sein stiller Ort im Vorraum befand. Das Geräusch wurde lauter, es klang so, als würde sich jemand an seiner Eingangstüre zu schaffen machen.

„Habe ich wieder irgendeinen Zettel mit 'Bitte verschaffen Sie uns Zugang zu Ihrer Wohnung' übersehen?" Er wollte gerade nach draußen brüllen, dass er gleich komme, als mit einem metallischen Krachen das Schloss der Eingangstüre zu Boden fiel. Kurz darauf standen drei Männer, die alles andere waren als Handwerker, in Walters Vorraum. Walter versuchte so ruhig wie möglich zu sein. Er hörte, wie sich die drei Männer unterhielten. Nun dämmerte ihm auch, warum sie dreimal geläutet hatten: „Die wollten schauen, ob jemand zu Hause ist. Und durch die Sanierungsarbeiten sind viele Fremde im Haus, da fallen drei mehr oder weniger kaum auf. Verdammt, das müssen Profis sein, die haben mich ausgekundschaftet."

Walter verspürte plötzlich wieder einen Druck, eine leichte Flatulenz konnte über seine Zukunft entscheiden. Dass ein kleiner Schas alles kaputtmachen könne, hätte er nie gedacht.

Die Stimmen wurden leiser, offenbar waren die Einbrecher ins Innere der Wohnung gegangen. Walter versuchte vorsichtig durch das Schlüsselloch zu schauen. Es waren wohl nur zwei Männer im Wohnzimmer, ein Mann stand noch im Vorraum und sicherte offensichtlich ab. Der Mann ging auf und ab und warf immer wieder Blicke nach draußen. Er wirkte sehr ruhig und besonnen, so, als würde es so etwas öfter tun. Sein Blick streifte über Walters Garderobe, weiter zum Abstellraum, den der Mann kontrollierte, ob alles in Ordnung war. Danach fixierte er die Klotüre.

„Verdammt, was mache ich jetzt?" Walters Herz raste. Der Mann kam direkt auf die Toilette zu und streckte schon seine Hand aus. Walter begann die Klinke von innen zu halten, als er plötzlich Stimmen aus dem Wohnzimmer vernahm. Der Mann im Vorraum drehte ab und schloss die demolierte Eingangstür. Dann ging er zu den anderen Männern ins Wohnzimmer.

Walter atmete tief durch. „Die fühlen sich offenbar sehr sicher." Er blickte erneut durchs Schlüsselloch. Die Männer waren nicht mehr zu sehen. „Hundertprozentig sind sie im Schlafzimmer, dort steht mein Tresor", war sich Walter sicher.

Was sollte er nun tun? Warten, bis alles vorbei war? Walter stand im Klo und überlegte, wie er aus dieser vollkommen beschissen Lage wieder rauskäme. Es roch zunehmend unangenehmer, aber spülen kam logischerweise nicht infrage. Er hörte einen lauten Freudenschrei, der aus dem Schlafzimmer zu kommen schien. „Sie haben den Tresor gefunden." Walter bemerkte, wie sich langsam, aber sicher ein Gefühl von Zorn in seinem Gemüt verbreitete. „Ihr könnt alles haben, aber meinen Tresor ist Sperrzone." Der „Hammer" fasste einen Entschluss.

Die drei Männer knieten im Schlafzimmer vor Walters Tresor und versuchten, mit diversen Geräten das

Schloss zu öffnen. Schließlich griff einer der drei Männer zu einem Karbid-Bohrer und wurde kurz darauf von den anderen zu seiner Leistung beglückwünscht. Der Zylinder war offen. Die drei Männer konnten es kaum erwarten zu sehen, was sie da drinnen wohl finden würden. Der Anführer öffnete den Tresor, griff hinein und zog ein paar Boxhandschuhe hervor, die schon etwas älter und gebraucht wirkten.

Die drei Männer sahen sich ratlos an, während sich im Hintergrund ein Mann aufbaute. Ohne Hose, dafür aber mit entschlossenem Blick. Als die knienden Männer den „Hammer" bemerkten, schreckten sie hoch und sahen in das Antlitz eines Bären. Walter gab ihnen zu verstehen, dass sie die Boxhandschuhe fallen lassen sollten. Der Anführer folgte dem Befehl. Walter hob die Handschuhe auf und sagte mit erschreckend kühler Stimme: „Freunde. Heute seid's beim Falschen eingebrochen."

12 Minuten später trat ein Kommissar der Kriminalpolizei in Walters Wohnung. Er fand drei Männer mit gebrochenen Nasen im Schlafzimmer vor. Sie waren bewusstlos.

„Es war Notwehr", sagte Walter, bereits wieder mit Hose.

„Naja, bei einem Boxer einbrechen ist auch sehr dumm. Haben die was ruiniert?", fragte der Kommissar.

„Die Tür und meinen Tresor."

„Was war denn im Tresor?"

„Die da!" Walter zeigte dem Kommissar die Boxhandschuhe. „Mit diesen Handschuhen habe ich meinen ersten Schwergewichtstitel gewonnen."

„Gut, ich lasse die Herrschaften von der Rettung holen und am besten wird sein, wenn Sie noch heute aufs Revier kommen."

„Mach ich."

Als Walter wieder alleine in seiner Wohnung war, legte er die Handschuhe behutsam in den Tresor zurück. Er war glücklich und er spürte, dass es der „Sultan" doch schwerer haben würde als erwartet. Walter kochte sich noch einen Tee und behielt alles bei sich. Plötzlich fiel ihm etwas ein. Er ging auf die Toilette und betätigte die Spülung.

XAVER

Ungefähr zur selben Zeit berat Xaver die U-Bahnlinie U1 am Reumannplatz in Wien. Er liebte das U-Bahnfahren. Eine Fahrt konnte spannender sein als ein Jo-Nesboø-Krimi. Xaver war 25 Jahre alt und studierte in Wien Religionspädagogik für das Lehramt. Er war kein großer Freund der Kirche, aber das Fach interessierte ihn, zumal die Jobaussichten gut waren. Seine Familie war katholisch, aber nicht praktizierend. Sie ging zu Ostern und Weihnachten in die Messe, danach schenkte man dem Glauben keine größere Bedeutung. Xaver hatte einen großartigen Religionsprofessor gehabt, einen vom liberalen Flügel, der ihn für einige Persönlichkeiten des Christentums begeisterte. Vor allem Jesus und Franz von Assisi hatten es Xaver angetan. Konflikte ohne Gewalt zu lösen schien ihm eine vernünftige Lebensphilosophie zu sein.

In der Station Keplerplatz stieg ein Pärchen zu. Die beiden setzten sich direkt gegenüber von Xaver. Sie waren Mitte 50 und rochen stark nach billigem Rotwein. Der Mann trug einen Jogginganzug. Einen von der Sorte, die sich sofort auflöst, wenn man mit einer Zigarette in die Nähe kommt. Der Jogger war türkis mit rosa Streifen. Unter der Jacke trug er nur ein weißes Unterhemd, um den Hals hing eine Kette aus Goldimitat. Sein Bauch ragte über den Hosenbund und wackelte bei jeder Erschütterung. Er trug eine unmodische Frisur mit dazugehörigem Schnauzbart. Links hatte er einen Playboyhasen im Ohr, und seine Zähne leuchteten dunkelgelb hinter seinem Schnauzer hervor. Der Mann trug weiße Arztpantoffeln, aber keine Socken. Die Farbe seiner Fersen ähnelte denen seiner Zähne.

Die Frau stellte das genaue Gegenteil dar. Sie war dünn, ihre Haut sah ledrig aus und ihr Gesicht war übersät von Falten. Sie war sehr braun. Der pinkfarbene Lippenstift kam dadurch noch besser zur Geltung. Sie trug schwarze Leggings, ein blaues Spaghettiträger-Shirt und Stöckelschuhe. Ihre Füße waren in graue Nylonsöckchen gehüllt. Ihre Nägel waren lang, rot und falsch. Wenn sie ihre Hände bewegte, klapperten die unzähligen Ringe und Armreifen. Die beiden sprachen zunächst nicht.

Xaver kämpfte gegen den Drang, ständig hinzusehen. Die beiden waren einfach zu gut. Sicher schliefen sie jeden Tag im Katalog der großen Klischees.

Auf der Höhe Taubstummengasse drehte sich die Frau zu ihrem Mann, sah ihm tief in die Augen und sagte, etwas zu laut und mit schwere Zunge:

„Mausl, ich muss dir ehrlich sagen: Ich liebe dich!" Der Mann sah seine Frau lange an, setzte ein Lächeln auf und sagte dann ungefähr das Unromantischste, das man in so einer Situation sagen kann. Mit seinem Zeigefinger auf die Frau deutend antwortete er:

„Detto!"

Dann küssten sie sich. Sie wirkten zufrieden. Anfangs fand Xaver die beiden irgendwie sympathisch. Dann aber begann der Mann über Ausländer zu monologisieren und dass es eine Schande sei, so viele Muslime hier zu haben. Unsereins müsse hackeln und die genießen alle Vorzüge des Sozialstaates, haben hier nie was eingezahlt und bekommen Geld en masse. Der Koran sei eine Kriegsreligion, Mohamed ein Kinderschänder, das Kopftuch ein politisches Symbol. Er würde die alle mit einem Fußtritt rausschmeißen, denn wenn die unsere Kultur nicht wollen, dann auf Wiedersehen. Bald würden wir die Minderheit im eigenen Land sein. Er wurde aufgeregter, sein Bauch wackelte immer heftiger, bis schließlich das Unterhemd nachgab und seinen Nabel für die Allgemeinheit freigab. Er merkte es nicht.

Xaver verspürte das Bedürfnis, etwas zu sagen, aber er traute sich nicht. Der Mann schimpfte weiter. Seine Frau saß nur da und nickte brav zu allen seinen Thesen. Als er mit seinem Monolog zu Ende war, sagte sie zu ihm: „Du, das Geselchte müssen wir noch zur Tante Hermi bringen." Was für eine Antwort.

„Ja, machen wir morgen", sagte er bestimmend. Damit war die Diskussion über das Geselchte zu Ende. Xaver kannte den Koran. Er hatte ihn gelesen. Sollte er etwas sagen?

Jede Medaille hatte zwei Seiten. In jeder Herde gibt es schwarze Schafe. Er erinnerte sich an eine Begebenheit, als er acht Jahre war.

Xaver saß neben einem Mann in der U-Bahn. Im hinteren Teil des Waggons wurde eine junge Frau von zwei türkischen Jugendlichen belästigt. Sie machten dumme Scherze über ihr Aussehen und drohten immer wieder mit Gewalt. Die junge Frau saß einfach nur da und sagte kein Wort. Alle im Waggon konnten hören, was vor sich ging. Einige blickten zu Boden oder sahen aus dem Fenster. Vereinzelt konnte man ein Murren vernehmen, aber niemand sagte ein Wort. Durch die Schweigsamkeit der Frau fühlten sich die jungen Türken noch mehr provoziert. Einer der beiden begann, die junge Frau an den Haaren zu ziehen. Sie wehrte sich. Einige Fahrgäste drehten sich um und sagten, dass es jetzt reiche. Als Antwort wurden sie von den jungen Türken beschimpft und ausgelacht.

„Du bist schmutzig", sagten die beiden immer wieder, dann spuckten sie vor der Frau auf den Boden. Sie dachte, es sei das Beste, einfach auszusteigen. Sie würde ihre Mutter anrufen und sagen, dass sie sich etwas verspäten werde. Sie wollten die bestandene Matura der jungen Frau feiern. Die Frau versuchte aufzustehen, wurde aber sofort von einem der Türken zurück in den Sitz gedrückt.

Da erhob sich der Mann neben Xaver. Er ging ganz langsam ans Ende des Waggons. Als die Türken ihn bemerkten, sagte einer von ihnen:" Hau ab, Arschloch". Der Mann war groß, sicher 1 Meter 94. Er sah dem Jugendlichen in die Augen und sagte mit ruhiger Stimme:

„Lasst die Frau in Ruhe." Die beiden begannen sich darüber aufzuregen, dass er sich nicht einmischen solle, sonst würde er Probleme bekommen. Der Mann blieb ruhig, ging näher an die Türken heran und wiederholte seinen Satz.

„Lasst die Frau in Ruhe." Im Waggon herrschte drückende Stille, alle Fahrgäste blickten auf den Hünen. Er sah die beiden Türken lange ohne zu zwinkern an, in seinem Gesicht lag ein Ausdruck von Entschlossenheit. Er ging noch näher an die beiden heran. Er konnte ihre Angst riechen. Plötzlich saßen zwei halbstarke Verlierer neben einer intelligenten jungen Frau.

„Wenn ihr jetzt nicht aussteigt, dann werfe ich euch raus." Dann nahm der Mann die junge Frau an der Hand und ging mit ihr ganz langsam zurück an seinen Platz. Die beiden Jugendlichen schimpften noch etwas auf Türkisch, dann waren sie verschwunden. Die junge Frau bedankte sich bei dem Mann und stieg zwei Stationen später ebenfalls aus. Die Fahrgäste begannen nun über die Türken zu schimpfen. Dass es immer schlimmer werde mit dem Gesindel und dass man hart durchgreifen müsse. Der Mann schenkte ihnen keine Beachtung. Xaver war beeindruckt. Er blickte hoch zu dem Mann und fragte ihn:

„Wo hast du denn das gelernt, Papa?

„Sowas muss man nicht lernen, Xaver. Sowas muss man einfach machen." Sie sahen die Türken nie wieder.

Die Linie U1 war nun auf Höhe Stephansplatz. Xaver musste aussteigen. Er stand schon, als er sich nochmals zu dem Pärchen umdrehte. Er wollte keine religiöse Diskussion anzetteln, also fragte er das Pärchen, was ihm spontan eingefallen war:

„Was arbeiten Sie?" Die Frage kam zu schnell. Eigentlich wollte der Mann antworten, dass es ihn einen Scheiß angehe, aber die Frau kam ihm zuvor. Überrumpelt von der Frage schoss es wahrheitsgemäß aus ihr heraus: „Nix."

Als Xaver draußen war, zitterte er. Er ging zur Dombuchhandlung und kaufte sich eine kürzlich erschienene Biografie über Franz von Assisi. Er setzte sich in ein Kaffeehaus und bestellte eine Sachertorte. Sein Zittern wurde schwächer. Er begann im Buch zu blättern. Eine etwa 37-jährige gut gekleidete Frau kreuzte das Kaffeehaus und verschwand im Strudel der Touristen. Xaver sah sie nicht.

YOLANDA

Ungefähr zur selben Zeit stand Yolanda am Fenster und sah in den Garten. Unzählige Bäume spendeten Schatten, die Bänke waren teilweise besetzt und es war der Geruch von gegrilltem Fleisch zu erahnen. Sie trug ihr schwarzes Kleid, das sie zum letzten Mal auf der Beerdigung ihres Mannes Hugo angehabt hatte. Das war vor 37 Jahren gewesen.

Yolandas Haare waren auftoupiert und sie hatte eine Kette mit einem Jesusanhänger um den Hals. Bald würde sie Besuch bekommen.

Sie war nun seit vier Jahren in dieser Seniorenresidenz. Ihre Kinder vermieden das Wort Altersheim. Sie kamen dreimal im Jahr, damit hatten sie ihre Schuldigkeit getan. Zu Weihnachten schickten sie eine Karte mit exakt denselben Worten wie in den Jahren davor. Lediglich das Datum war anders. Yolanda hatte die Karten auf ein Regal gestellt, direkt neben die Fotos, die sie und ihre Kinder in unbeschwerten Zeiten zeigten. Hugos Foto stand in der Mitte und hatte eine schwarze Schleife um den Rand. Er lächelte in die Kamera. Ihr Zimmer war klein, aber freundlich. In einer Ecke stand eine Madonna, die sie in Mariazell gekauft hatten. Ein Rosenkranz schmückte ihren Hals, daneben hing die Parte von Hugo und ein zerschlissenes Gotteslob in kroatischer Sprache lag der Madonna zu Füßen. Yolanda blätterte immer wieder darin, erinnerte sich an damals und musste jedes Mal weinen.

Yolanda war im Südburgenland aufgewachsen. Ihre Familie gehörte zur kroatischen Volksgruppe und war erzkatholisch. Ihre Großmutter, die in der Monarchie auf die Welt kam, brachte ihr Ungarisch bei. Denn auch wenn das Burgenland seit 1921 zu Österreich gehörte, waren die Zeiten unsicher, und sie hielt es für gut, auf alle Eventualitäten vorbereitet zu sein. Zu Hause am Hof sprach man ausschließlich kroatisch.

Yolandas Kindheit war geprägt von harter Arbeit, Gehorsam und der großen Hoffnung, dass es irgendwann einmal besser werden würde. Dann kamen die Nazis. Die anfängliche Euphorie über die „neue große Zeit" sollte nicht lange währen. Der von der Vorsehung bestimme und auserwählte Führer nahm ihr beide Brüder und ihren Vater. Geblieben sind ihr ein paar vergilbte Fotografien und eine Schachtel mit geschwärzter Feldpost. Ihre Großmutter starb 1953 und hatte die Befreiung von den Russen nicht mehr erlebt. Sie saß immer auf einer Holztruhe neben dem Tischherd und wärmte sich am glühenden Ofenrohr. Eines Tages schlief sie dort ein. Es dauerte einige Stunden, bis die Familie bemerkte, dass die Baba nicht mehr aufwachen würde. Sie wurde in der Kammer aufgebahrt und danach kamen die Klageweiber.

In Yolandas Leben hatte der Tod schon zuvor eine Rolle gespielt, als sie erst acht Jahre alt war.

Die Tür zu ihrem Zimmer öffnete sich und Dominik, ihr Pfleger, kam herein. Er war ein schlanker gutaussehender junger Mann mit Bart. Yolanda mochte ihn.

„Frau Grandits, Sie sehen aber heute gut aus", machte er ihr ein Kompliment. „Ich meine, Sie sehen immer gut aus, aber heute besonders!"

„Ach Herr Taschner, wissen Sie, ich bekomme heute Besuch."

„Die Kinder?"

„Nein."

„Wer denn?", Dominik wurde neugierig.

„Eine Dame. Ich habe sie seit über 70 Jahren nicht gesehen. "

„Aha."

„Sie will mir etwas geben."

„Frau Grandits, das klingt ja wie eine Szene aus einem Agentenfilm", sagte er.

„Sagen wir so, heute mache ich einen kleinen Ausflug in meine Vergangenheit." Sie hielt kurz inne, dann nahm sie Dominik ganz fest am Unterarm und fügte hinzu: „Es gab ein Ereignis in meinem Leben, das meine Sicht auf die Welt verändert hat, und heute soll sich dieser Knoten lösen." Beide blickten sich lange in die Augen. Dominik wusste nicht, was er darauf sagen sollte. Er musste auch nichts sagen, denn Yolanda begann, noch immer seinen Unterarm haltend, zu erzählen:

„Das Südburgenland lag nach dem Zweiten Weltkrieg in der russischen Zone. Unser Hof war voll mit russischen Soldaten, die alles leertranken und alles aufaßen, was wir besaßen. Sie okkupierten unser Haus und benahmen sich größtenteils sehr schlecht. Die Russen hatten auch einige Dienstmädchen mit dabei. Wir Frauen schliefen gemeinsam mit den Russinnen am Heuboden, während die Männer die Betten besetzten. Wir sprachen kaum miteinander, da es den Russinnen verboten war, mit uns in Kontakt zu treten. Wir waren ja die Feinde.

Meine Baba konnte ein paar Worte Russisch, wurde aber meist von den Frauen ignoriert. Eine der russischen Frauen hatte ein kleines Kind, ein Mädchen, etwa zwei Jahre alt, mit extrem dichten Haarwuchs.

Manchmal hörten wir die Männer, wie sie sich unten im Haus stöhnend und volltrunken an den Frauen vergnügten, während wir mit dem kleinen Mädchen im Heu lagen und so taten, als wäre nichts passiert. Wir hatten damals einen Hausbrunnen, daher war Wasser knapp und wertvoll. Der Brunnen lag im Innenhof des Hauses, er war immer offen und man musste vorsichtig sein, um nicht hineinzufallen.

An einem heißen Augusttag passierte Folgendes: Das kleine russische Mädchen spielte mit einem Stück Seife, warf es in die Höhe, fing es wieder auf und so weiter. Ihre Mutter war in der Küche und schrubbte den Boden. Meine Baba saß im Schatten und flocht einen Korb. Plötzlich rutschte dem kleinen Mädchen das Stück Seife aus der Hand und fiel in den Brunnen. Es rannte so schnell es konnte zu seiner Mutter in die Küche. Meine Baba wusste, dass es bald Probleme geben würde. Und so war es auch. Am Nachmittag schmeckte das Wasser nach Lauge. Als die russischen Soldaten das bemerkten, wurde meine Familie beschuldigt, die Seife absichtlich in den Brunnen geworfen zu haben. Die Russen behaupteten, dass wir sie vergiften wollten. Baba versuchte zu erklären, dass es das Kind gewesen war, aber die Soldaten wollten nichts hören. Man befahl uns unwirsch, draußen im Hof Aufstellung zu nehmen. In einer Reihe. Baba, Mama, meine Schwester und ich standen im Hof in der Sonne.

Die Russen unterhielten sich lautstark und nickten einander zu. Minuten später sahen wir in den Lauf von Gewehren. Wir sollten getötet werden. Baba versuchte noch einmal in gebrochenem Russisch die Situation aufzuklären und deutete dabei auf die Frau mit dem Mädchen. Ein russischer Soldat gab ihr eine schallende Ohrfeige und befahl ihr sich wieder in die Reihe zu stellen. Die Mutter und das Kind gingen ins Haus. Wir hielten uns an den Händen und schlossen die Augen. Baba begann, Gebete aus dem Gotteslob zu rezitieren, wir taten es ihr gleich. Wir hörten das Repetieren der Gewehre und warteten auf den Schuss.

Als ich die Stimme vernahm, dachte ich, dass ich schon tot sei. Ich glaube, ich war die erste, die die Augen öffnete. Im Hof stand ein russischer Offizier und unterhielt sich mit den Soldaten. Wie mir Baba später erzählte, hatte er sich erkundigt, warum wir umgebracht werden sollten und wer den Befehl dazu gab. Ein offenes Hoftor und die Russischkenntnisse von der Baba hatten uns das Leben gerettet. Der Offizier war zufällig vorbeigekommen und hatte die angelegten Gewehre seiner Landsleute gesehen.

Baba trat aus der Reihe, begrüßte den Offizier freundlich und klärte ihn darüber auf, dass wir keinesfalls die Russen vergiften wollten, sondern dass es sich lediglich um ein Missgeschick des Mädchens handelte. Nie mehr in ihrem Leben hatte sie so gut Russisch gesprochen. Der Offizier ließ die Mutter mit dem Mädchen holen.

Nach einem kurzen Gespräch streichelte er dem Mädchen über den Kopf und verpasste der Mutter eine schallende Ohrfeige. Dann befahl er einem der Soldaten in den Brunnenschacht zu steigen und das Stück Seife herauszuholen. Er gab es dem kleinen Mädchen. Danach verschwand der Offizier. Wir sahen ihn nie mehr wieder. Nach diesem Vorfall ließen uns die Russen bis zu ihrem Abzug aus dem Burgenland in Ruhe."

Yolanda löste ihre Hand von Dominiks Arm, er war rot und nass von ihrem Schweiß. „Was für eine Geschichte", sagte er zu ihr. Sie schwiegen. Kurz darauf betrat eine Frau Yolandas Zimmer. Sie war etwas jünger als sie, ungefähr sechs Jahre. In der Hand trug sie ein Tuch, in dem etwas eingewickelt war. Yolanda gab Dominik zu verstehen, dass sie gerne alleine sein wollten. Als Dominik das Zimmer verließ, sah er die beiden alten Frauen eng umschlungen am Fenster stehen. Sie weinten. Dann schloss sich die Türe.

Drei Stunden und 23 Minuten später traf Dominik die fremde Frau am Ausgang. Sie war gerade dabei zu gehen. Er hielt sie auf und fragte sie: „Wer sind Sie?"

„Ich bin das kleine Mädchen", gab sie in gebrochenem Deutsch zur Antwort. Dann ging sie ins Freie und wurde von den unzähligen Bäumen im Garten verschluckt. Dominik begann zu zittern.

Yolanda öffnete das Tuch. Ihre geröteten Augen füllten sich abermals mit Flüssigkeit und ihre Beine schienen den Halt zu verlieren. Sie legte das Stück Seife neben Hugos Bild. Dann nahm sie ihr altes Gotteslob zur Hand.

Dominik sollte nie erfahren, worüber die beiden Damen gesprochen haben.

ZITA

Ungefähr zur selben Zeit probierte Zita im Trachtengeschäft Perlmoser ein Kaiserdirndl. Es lag am Hohen Markt, einer der teuersten Gegenden von Wien. Gemeinsam mit ihrem Mann Martin würde sie heute Abend nach Bad Ischl fahren. Ihre zwei Kinder blieben inzwischen bei den Großeltern. Ihr Mann stammte aus der Gegend und es war immer eine willkommene Abwechslung, der Großstadt Wien zu entfliehen, um in Bad Ischl zaunerstollengeschwängerte Gespräche zu führen. Zita stand in der Umkleidekabine und dachte über die Begegnung mit ihrem ehemaligen Schulkollegen Andreas Liebminger nach. Sie hatte ihn vor 20 Minuten auf der Straße getroffen und sein Anblick erweckte den Anschein, dass er nicht unbedingt auf die Butterseite des Lebens gefallen war. Andreas wirkte nicht zornig, es lag keine Spur von Bitterkeit in seiner Stimme. Vielleicht hatte er sich einfach mit seiner Situation abgefunden und resignierte sich durchs Leben. Sicher hatte er gelernt, seine Bedürfnisse und Wünsche zu zähmen. Auch eine Form von Reichtum, anderseits schimpft nur derjenige auf den Wohlstand, der in ihm lebt.

Zita haderte mit ihren Gefühlen, der Gedanke abweisend und distanziert gewesen zu sein, quälte sie mehr als das Korsett des Dirndls. Sie betrachtete sich im Spiegel der Umkleidekabine. „Wie bin ich die geworden, die ich heute bin?", warf sie ihrem Antlitz entgegen. „Eine meinungslose Trachtenmarionette mit Hirschknöpfen im Gehirn." Zita trat aus der Kabine. Sie wurde bereits von einer devoten Verkäuferin erwartet.

„Das steht Ihnen ausgezeichnet, Frau Wittmayer", legte sie eine Schleimspur bis zum Stephansplatz. Zita bedankte sich und gab der Verkäuferin zu verstehen, dass sie dieses Dirndl kaufen wollte.

„Aber wir haben noch drei weitere für Sie vorbereitet."

„Danke, nicht nötig!", sagte sie forsch. „Ich möchte zahlen." 749 Euro später verabschiedete sich Zita mit den Worten „Das behalt ich gleich an", und verließ das Trachtengeschäft. Sie lief zum Platz in der Nähe des Hohen Marktes in der Hoffnung, dort auf Andreas zu treffen. Sie hatte ihm etwas Wichtiges zu sagen.

Als Zita die gesuchte Seitengasse erreichte, war der Wind gerade dabei, einen leeren Pappbecher über die kopfsteingepflasterte Straße zu treiben. Von Andreas fehlte jede Spur. Aufrichtig bereute sie den Zettel von Andreas nicht angenommen zu haben. Hastig holte sie ihr iPhone aus der Tasche und begann nach Obdachlosenheimen in Wien zu googeln. Gruft, Gruft 2, Vinzenzhaus, Caritas … Zita war erschüttert, wie viele Heime es gab. Das wäre sprichwörtlich die Suche nach der Nadel im Heuhaufen. Schockiert musste sie feststellen, dass es in Wien circa 8000 Menschen gab, die kein eigenes Dach über dem Kopf hatten. Im Gegensatz dazu betrug die Anzahl der Gästebetten in Wien 66 000. Was für eine Ironie!

Zita suchte weiter, sah sich jede Website an und blieb bei einem Heim hängen, das ihre Neugierde weckte: Haus Miriam, im 18. Bezirk.

„Hieß nicht Andreas' Frau Miriam?" In der Schule hatte er immer einen Hang zur Romantik, das wusste Zita noch vom Skikurs, als sich ihre und Andreas' Zunge vereint hatten. Sicher wäre mehr passiert, wenn nicht Professor Meixner die romantische Szene mit den Worten „Hobt's ihr ka daham?" zerstörte.

Das Glück deines Lebens ist unmittelbar mit deinen Gedanken verbunden. Auch wenn es absurde Gedanken waren. Zita rannte so schnell es ihre Beine erlaubten, zu ihrem Jaguar und machte sich auf den Weg in den 18. Bezirk, um das Haus Miriam zu suchen.

Als sie den Speisesaal betrat, sah sie einen verlotterten Romantiker, der eine dünne Gulaschsuppe löffelte, alleine an einem Tisch sitzen. Zum ersten Mal am heutigen Tag sah sie ihn wirklich und es stimmte sie traurig. Zita wartete noch einen Moment, dann ging sie auf Andreas zu. Als er sie erkannte, begannen seine Augen zu leuchten. Für kurze Zeit schien die Welt eine bessere zu sein und Andreas fühlte sich frei wie eine verirrte Taube. „Es gibt einen Menschen auf der Welt, dem bin ich so wertvoll, dass er nach mir sucht", dachte er. Ein Gefühl, das er schon längst verloren glaubte.

„Komm, wir gehen", sagte Zita.

„Wohin?", fragte Andreas.

„Das wirst du schon sehen", sagte sie lachend.

Fünf Minuten später saß Andreas am Beifahrersitz des Jaguars. Er hatte soeben erfahren, dass er zu Zita nach Hause fahren, sich dort duschen und anschließend mit nach Bad Ischl kommen würde. Andreas begann zu weinen. Vor Glück. Nie mehr würde er den Geschmack des Lebens unterschätzen, ihn für selbstverständlich erachten. Zita ging es genauso. Sie hatte drinnen im Herz frisch ausgemalt. Die beiden verloren sich in einem Gespräch über alte Zeiten. Was Andreas zu diesem Zeitpunkt noch nicht wissen konnte, war die Tatsache, dass Martin, Zitas Mann, in Bad Ischl im Vorstand eines Fußballklubs saß, und der suchte gerade einen Tormanntrainer. Linker Hand stand ein Pferd auf einer fetten, saftigen, grünen Wiese. Es war weder panisch noch schlug es aus, es war einfach glücklich.

ICH

Ungefähr zur selben Zeit stellten sich einige LeserInnen die Frage:

„Was ist mit dem I? Keine Geschichte über I?"

Nun, diese Frage kann ich beantworten.

Ungefähr zur selben Zeit las ICH mir nochmals alle Geschichten durch. Viele davon wurden von mir erlebt oder mir erzählt oder man darf sie getrost zu den modernen Legenden über das Glück zählen.

Christine Nöstlinger hat einmal gesagt, Glück sei etwas für Augenblicke.

Im Augenblick bin ich glücklich.

Athen. Sommer 2017

PS: Danke an alle, die dieses Buch gekauft haben. Ich hoffe, ich konnte Sie ein wenig in die fantastische Welt des Glücks entführen. Die spannendsten Sehenswürdigkeiten sind und bleiben ja doch die Menschen ;-)

Besonderer Dank gilt: Meiner Frau Katharina, meinem Sohn Emil, meinem Bruder Christian, meinen Eltern Angelika und Thomas, meinen Großeltern Geli Oma, Hansi Opa und Dida Oma, allen Schwiegereltern (Patchwork), meinem besten Freund Manuel, meiner wunderbaren Lektorin Marina Hofinger, dem Uebereuter Verlag, der an mich herangetreten ist, Birgit Schott vom Verlag, die nicht locker ließ und mir die Angst zu schreiben nahm, meiner Agentur E&A, Jules, Fu, Hinti, Harald, Heinrich, Georg, Blacky Schwarz für's Rutschenlegen und allen, die an mich geglaubt, mich gefördert und unterstützt haben. Ich hatte in meinem Leben bisher verdammt viel Glück. Fühlt euch alle an mein Herz gedrückt!